KB273099

김포시 대전환

현장에서 시민과 함께 그려낸

# 김포시 대전환

이회수 지음

모아북스
MOABOOKS

# 우리 함께 만드는 세상

정치가 현장을 떠나 탁상에 머물게 되면
그때부터 시민의 삶과 점점 더 멀어진다.
그래서 나는 골목골목 누비며 시민을 만나
함께 울고 함께 웃으며 그 얘기를 들었다.

내가 그날 밤 서둘러 국회로 달려간 까닭은
시민들과 함께 민주주의를 지키기 위해서였다.
머뭇거리다가 민주주의가 잘못되면
시민의 안전한 삶과 편안한 밤도 없어진다.

기본사회는 최소한의 인간다운 삶이 보장된 사회다.

무슨 일이든 무엇이든 기본에서 출발한다.

기본이 존중되지 않는 사회는 비참한 사회다.

기본사회로 시작하는 이제부터가 진짜 대한민국이다.

나는 김포에서 태어나 자라고, 돌아와 뿌리를 내렸다.
떠나 있는 동안에도 김포를 잊은 적이 없다.
먹사니즘 김포네트워크와 김포미래비전포럼을
출범하여 시민정치와 생활정치의 복원을 선언했다.

이재명 당대표와 나는 특별한 인연이다.
내가 구상하고 다듬어온 「김포시 대전환」은
'준비된 행정 전문가'로서의 역량이라 할 수 있다.

# 이제 그 길을
# 김포시민과 함께

세상에서 가장 어려운 일이 뭘까요?

물론 그 답은 사람마다 다 다를 수 있겠지요. 하지만 들으면 누구나 고개를 끄덕이게 하는 답, 바로 자기 자신을 아는 겁니다. 그래서 소크라테스도 특별히 너 자신을 알라고 하지 않았을까요.

그렇다면 왜 자기 자신을 아는 일이 그 무엇보다 어려울까요?

등잔 밑이 제일 어두운 바와 같은 이치입니다. 손바닥을 펴서 눈 가까이 대보세요. 손바닥이 보이지 않습니다. 자기 자신을 보는 일은 그와 같습니다. 자기 안에서는 자기를 제대로 볼 수 없는 겁니다.

그래서 우리는 사람을 보든 사물을 보든 어떤 일을 보든 다양한 관점에서 볼 필요가 있습니다. 하지만 아무리 다양한 관점으로 보더라도 그것만으론 충분치 않습니다. 따라서 다른 사람의 관점과 의견이 필요합니다.

저는 김포시를 그렇게 대해왔습니다. 제대로 볼 수 있어야 진짜 문제를 알 수 있을 테니까요. 또 그 문제를 어떻게 풀어야 할지 알게 될 테니까요.

제가 지난 십수 년간 틈만 나면 김포의 구석구석 골목골목을 누비면서 주민들을 만나 교감하고 의견을 경청해온 것도 다 그런 이유입니다.

그렇게 귀를 열고 다니면서 다양한 목소리에 귀 기울이다 보니 김포의 과거를 돌아보고 현재를 진단하며 그것을 바탕으로 미래를 구상하고 설계하게 되었습니다.

그래서 얻은 결론은 근본적인 변화, 즉 대전환만이 김포를 살릴 수 있다는 겁니다. 우리 김포와 김포시민은 잠재력이 무궁무진하지만, 안으로는 무사안일한 행정이 발목을 잡고 있고 밖으로는 혈로가 막혀 날아오르지 못하고 있는 현실입니다.

이런 안팎의 난맥을 뚫고 김포의 대전환을 이룰 답을 저는 현장에서 찾아왔습니다. 학생운동 때도 그랬고 노동운동과 시민사회운동을 할 때도 그랬으며 공공기관에서 공직을 수행할 때도 그랬거니와 저는 늘 현장을 파고들어 문제를 근본적으로 들여다보고 해법을 장기적 관점에서 찾아 실행했습니다. 그러다 보니 사람들은 저더러 현장이 키운 문제해결사라 그러더군요.

저는 이제 행정가로서 제 고향 김포와 김포시민을 위해 봉사하고자 합니다. 그동안 제가 걸어온 길은 시민이 행복한 나라를 위해 민주주의를 일으켜 세우고 지켜온 여정이었습니다.

이제 그 길을 김포시민과 더불어 가고자 합니다. 그리하여 함께 행복한 김포를 만들어가고자 합니다. 이 책은 저의 그런 다짐이자 미래 비전의 청사진입니다. 그리고 무엇보다 김포시민에게 드리는 저의 약속입니다.

이 책이 나오기까지 애써주시고 격려해주신 모든 분에게 감사합니다. 미력하나마 이 책이 김포 대전환의 마중물이 되고, 저와 시민 여러분을 연결하는 끈이 되기를 바랍니다.

2026년 2월, 봄의 문턱에서
이회수

차 례

2024.12~2025.12.

지난 1년여간 민주주의와 김포를 생각하며 발로 쓴 기록이다.

여성 인권 현장에서, 교통지옥을 함께 걸으며,

민주당 이재명 당대표 국민소통특보단 소통정책특보와

국정기획위원회에서 김포의 목소리를 전하며,

집중호우로 물에 잠긴 김포를 보며 느낀 책임감까지,

순간순간의 고민과 다짐을 날것 그대로 담았다.

내 모습 그대로 보여주는 게 진정한 소통이라 믿기에

꾸미거나 과장하지 않았다.

김포에 진심이었던 지난 1년여의 여정을 통해

김포시민이 바라는 대전환의 미래를 약속하고 싶었다.

나는 50만 김포시민과 더 나은 김포를 향한 동행을 꿈꾼다.

# 01

## 민주주의와
## 김포를 위한 여정

# 극복하고 촉구하고 제안하다

## 내란의 밤,
## 깨어있는 시민의 조직된 힘

_ 2024년 12월 3~4일

일한밤중, 대통령의 느닷없는 비상계엄선포. 철없는 권력자의 불장난에 온 국민이 뜬눈으로 밤을 새우고 깨어있는 시민들은 국회로 모여들었다. 나도 국회로 달려가 비상계엄해제 투쟁에 동참했다. "민주주의 최후의 보루는 깨어있는 시민의 조직된 힘"이라는 노무현 전 대통령의 유지(遺旨)가 광장에서 횃불로 살아나 뜨겁게 타오른 밤이었다.

계엄군에 맞선 시민들의 도움으로 국회 본회의장을 사수한 가운데 극적인 의결정족수 확보, 불법 비상계엄선포 2시간 만에 비상계엄해제를 요구하는 국회의장의 의사봉이 힘차게 울렸다. 정적과 비판 세력을 모두 수거하여 살처분하고 일인 종신 독재정권을 세우겠다는 친위쿠데타를 가까스로 막아 세웠다. 조금만 더 늦었어도 앞을 알 수 없는 아찔한 순간이었다.

시민들로 가득 찬 국회 앞 광장

## 성탄절 기념 애기봉 이벤트,
## 즉각 철회할 것 촉구

_ 2024년 12월 5일

　김포시가 12월 21일 애기봉 평화생태공원에서 성탄절 트리 점화 행사 및 레이저쇼를 한다는 소식을 들은 나는 김병수 김포시장에게

"전쟁의 도화선이 될 수도 있는 애기봉 성탄절 기념 레이저쇼 추진을 즉각 중단할 것"을 촉구했다. 2014년 이후 중단된 성탄절 트리 점화식과 레이저쇼를 왜 하필 전쟁 위험이 폭발 직전에 있는 지금 다시 추진한다는 건지 의아스럽다.

내란 사태로 인한 안보 위기와 국내·외적 혼란이 극에 다다른 시점에서 북한을 자극할 수도 있는 행사를 추진한다는 건 정신 나간 일이 아닐 수 없다.

더구나 윤석열 대통령과 그 일당이 내란을 준비하는 과정에서 비상계엄선포의 명분으로 삼기 위해 북한을 자극하여 국지전을 유도한 혐의가 보도되는 상황이다.

**우리는 1914년 사라예보에 울린 총성이 제1차 세계대전의 도화선이 되어 수천만 명의 사상자를 낸 참화를 기억할 필요가 있다.**

지금은 우크라니아-러시아 전쟁과 비상계엄선포 여파로 국내 정치 상황은 물론 한반도 정세가 극도로 불안정한 국면이다. 이런 상황에서 전쟁의 뇌관이 가득한 서부전선 김포반도에서 평화를 위협하는 일이 더 있어서는 안 된다.

그렇지 않아도 지금 김포를 비롯한 휴전선 접경지역 주민들은 밤낮을 가리지 않고 계속되는 북한의 대남 방송으로 고통받고 있다. 지자체장이 주민들의 이런 고통을 덜어줄 생각은 고사하고 위험한 행사를 다시 추진한다니, 이해할 수 없다.

미국의 칼럼니스트 토머스 프리드먼은《렉서스와 올리브나무》에서 "세계화의 상징인 맥도널드는 북한의 평양과 이란의 테헤란에만 들어가지 못했다"면서 동서 화해보다는 냉전을 부추겼다.

애기봉에 끌어들인 스타벅스 역시 맥도널드와 마찬가지로 "북조선을 무너뜨리고자 하는 미제문화의 첨병"으로 북한이 인식하는 상황에서 굳이 북한을 자극하는 일을 계속하려는 저의를 의심할 수밖에 없다.

김포신문을 통해 제안했듯이 애기봉 평화생태공원에도 애기봉 자락 개곡리의 다도박물관 차 문화를 들여와서 남북 간 화해와 상생 그리고 평화 공존을 추구했으면 한다. 평화는 깨지기 쉬운 도자기와 같다.

김병수 김포시장은 애기봉을 남북대결과 북한 흡수통일을 위한 대북 전진기지보다는 남북 간 화해와 공영을 위한 평화교류 전진기지로 생각하는 사고의 대전환을 하길 바란다.

지금 김포시에서 하고자 하는 애기봉 3대 프로그램인 성탄절 트리 점화, 레이저 쇼, 스타벅스 마케팅은 모두 평화를 위협할 수도 있는 경솔하고도 위험한 행동이다.

한국전쟁의 상처가 가장 깊이 새겨진 우리 김포에 민족상잔의 비극이 되풀이되어서는 안 된다. 김포시는 더 늦기 전에 12월 21일로 예정된 성탄 트리 점화 및 레이저 쇼 행사 추진을 즉각 중단해야 한다.

급변하는 정치정세와 지역 안보 특성을 십분 고려하여 책임질 수 없는 위험한 이벤트는 하지 않기를 바란다. 그 대신 사고를 전환해서 애기봉에 5대 종단의 대표자들이 모여서 남북 간 평화와 민족의 화해를 위한 공동기도회를 여는 건 어떨까.


## 김포신도시 두 동강 내는 지상 도로,
## 지하 터널로 전환할 것 촉구

_ 2024년 12월 22일


김포한강2 김포신도시주민대책위(위원장 이훈재) 추천으로 한국도로공사가 주최한 계양-강화 고속도로 환경 영향 평가보고서 평가 주민공청회(2024년 12월 19일)에 패널로 나갔다. 그 자리에서, 지상으로 관통하는 계양-강화 고속도로 건설사업은 김포신도시를 두 동강 내는 공동체 파괴 사업이므로 지하터널로 전면 전환할 것을 강력히 촉구했다.

국토부와 한국도로공사가 추진하는 김포-계양 구간 고속도로 건설사업은 한남정맥 녹지 보전 축과 한강신도시 콤펙트시티를 관통하면서 신도시 단절화, 김포 · 경기 둘레길과 생태휴식공간 파괴,

도시 간 생활권 분리와 지역 불균형, 자산가치 양극화와 도시 경관 훼손 등 막대한 사회경제 그리고 생태적 피해가 예측되었다.

일례로 동탄 신도시 1, 2는 지상 도로로 인한 도시 단절을 해소하고자 최근 4,600억 원을 들여 경부고속도로 화성-동탄 구간을 지하화하고, 남양주 왕숙 지구 신도시의 국도도 지하화했다.

정부의 정책 방향도 지난해부터 도시공간 혁신과 대중교통 혁신으로 전환하여 철도·도로는 지하화하고 상부는 공원과 상업·주거지구 등 콤팩티시티와 도시재생 방식으로 지속 가능한 도시 개발을 추진하는 추세에 있다.

공청회에서 발언하는 필자(오른쪽에서 두 번째)

김포시 역시 김포 골드라인 사태처럼 사후약방문이 되면, 지상 도로를 지하터널로 전환하는 데 천문학적인 매몰 비용을 부담해

야 한다. 그러므로 사전에 국토부가 김포-강화 고속도로 김포 구
간 지상건설을 지하터널로 전환하도록 김포시가 적극적으로 움직
여야 한다.

해당 지역 김포주민들 역시 대거 연대하여 강력히 문제를 제기하
면서 3, 4공구에 해당하는 한남정맥 생태 축과 콤팩트시티 전 구간
에 대한 지하터널 전환을 촉구했다.


## 지역이 달라도 좋은 정책은
## 따라 하면 주민이 행복해진다
_ 2025년 1월 19일


"인천시, 아이 출산하면(양육비로) 1억 원 지원한다."

이 정도는 해야 저출산 문제를 극복할 수 있을 것이다. 저출산으
로 골머리를 앓던 일본은 젊은 사람들에게 일자리와 소득을 보장하
니까 출산율이 우상향을 하기 시작했다.

출산율 전국최고가 된 인천처럼 서울과 경기도도 따라 하면 저출
산 문제해결의 실마리를 찾을 수 있을 것 같다.

이참에 김포시도 옆 동네랑 다투지 말고 인천시의 좋은 정책을 벤
치마킹해서 따라 하면 서로 좋을 것 같다. 내가 전국의 다른 지역을

자주 다니는 이유는 다양하지만, 그중 하나는 김포를 위한 좋은 정책을 벤치마킹하기 위해서다.

물론 좋은 정책이라면 물론 어느 지역보다 김포에서 제일 먼저 실행하면 좋겠지만, 시민이 주인 되고 행복해질 수 있다면 나중에라도 즉시 가져와서 실행해야 한다고 생각한다.

## 김포여성의전화에서
## '자랑스러운 회원상'을 받다

_2025년 2월 2일

나는 김포여성의전화(이하 '김포여전') 평회원이다. 김포여전 활동은 여성들만 하는 것으로 아는 분이 많지만, 그렇지 않다.

설 연휴 전에 김포여전 총회에 참석하여 지난 5년간의 멤버십을 격려하는 행복한 일이지만, 솔직히 과분하다는 생각과 무거운 책임감이 먼저 들었다. 코로나를 포함한 지난 5년간 오히려 악화된 김포 지역 여성 인권 현실 때문이다.

김포에서만 가정폭력과 관련한 상담 서비스 건수가 연간 3,000건이 넘는다는 통계를 접하고 관련 기관의 활동가들이 참 열심히 일했다는 생각과 함께 그 숫자 하나하나가 누군가의 고통이고, 우리 이웃의 아픔이라는 생각을 했다. 양극화의 심화와 경기침체 속에서 가장 먼저, 가장 깊게 상처받는 이들은 바로 우리 곁의 여성들이기에 앞으로 더 큰 관심과 활동으로 힘을 보태야겠다고 다짐한다.

그동안 김포여전 활동가 및 여성 쉼터에서 보호받고 있는 분들과 가현산 둘레길과 대명리 평화 누리길을 함께 걸으면서 김포의 역사와 생태문화 유산을 안내할 기회가 있었다. 함께 걸으며 누군가에게는 치유의 시간이, 누군가에게는 다시 일어설 힘이 되었기를 바란다.

여성이 눈물 흘리지 않는 김포를 만들기 위해서 앞으로도 묵묵히 함께할 것을 다짐한다.

그동안 여전 및 여성 쉼터 활동가들과 가현산 둘레길과 대명리 평화 누리길을 함께 걸으면서 김포의 역사와 생태문화 유산을 안내할 기회가 있었다. 함께 걸으며 누군가에게는 치유의 시간이, 누군가에게는 다시 일어설 힘이 되었기를 바란다.

여성이 눈물 흘리지 않는 김포를 만들기 위해서 앞으로도 묵묵히 함께할 것을 다짐한다.

# 경청하고 확인하고 알리다

## 당대표 소통정책특보,
## 국민의 소리를 듣다

_ 2025년 2월 10일

오늘 더불어민주당 이재명 당대표 국민소통특보단(특보단장 박수현 국회의원)이 발족한 가운데 당대표 소통정책특보로 합류하게 되었다. 소통정책특보라는 직함은 내겐 '현장의 목소리를 듣는 사람'의 의미로 다가왔다.

사실 국민소통특보단은 두 달 전에 언론에 발표되고 임명도 받았는데 내란 사태로 발족식이 지체되었다. 이제부터 본격적으로 발로 뛰며 국민의 목소리를 듣게 되어서 부푼 기대로 가슴이 뛴다.

이재명 당대표 총괄특보단은 지난해 11월에 경제·민생·외교안보·정무·국민소통 등 5개 특보단 55명으로 구성되었는데 그중의 하나인 국민소통특보단은 기성 언론과 뉴미디어는 물론 다양한 채

국민소통특보단 임명장 수여식

널을 통해 국민의 목소리를 경청하고 시민사회와의 소통과 협력을 강화해나갈 것이다.

나는 김포에서 배운 대로 진정한 소통은 말의 기술이 아니라 마음에서 우러나오는 진정성이라는 태도로 현장을 찾아 경청할 것이다. 골목골목을 누비면서 이웃과 대화하고 가슴으로 들으며 김포와 국회를 오가며 열심히 뛸 작정이다.

나는 10여 명의 특보와 함께 총괄특보단장 안규백 의원, 국민소통특보단장 박수현 의원을 중심으로 활동하게 되었다.*

---

* 2026년 1월 현재 안규백 의원은 국방부 장관, 박수현 의원은 더불어민주당 수석대변인이다.

# 또 고장난 김포골드라인,
# 시민의 불편함을 함께 걸으며



김포골드라인이 또 고장났다. 실제로 겪어보지 못한 사람은 이 불편함이 얼마나 심각한지 잘 모른다. 나는 대체교통수단이 없어서 김포공항역에서 방화동 정류장으로 버스를 타러 걸어간다. 롯데몰 앞의 21번 버스도 다니지 않는다.

미세먼지 한껏 마시며 걷다 보니 발걸음이 점점 빨라진다. 문득 의문이 든다. 다들 서울로 서울로 가자는 홍보는 넘쳐나는데, 왜 정작 김포시민들의 일상을 지탱하는 지역 기반 대중교통은 제대로 정비되지 않고 있는 걸까. 출퇴근길 시민들의 불편함이 얼마나 큰지, 발이 묶인 시민들의 답답함을 온몸으로 함께 느낀 하루였다.

김포골드라인 고장으로 길게 줄을 서서 기리는 퇴근길 승객들

교통문제는 정치적 구호로 해결되지 않는다. 단순한 이동수단을 넘어 교통은 시민의 일상이고, 삶의 질이며, 도시의 품격이다. 김포는 인구 규모로는 이미 대도시지만 그에 맞는 교통의 옷을 입지 못하고 있다. 자족도시를 외치는 화려한 구호보다 시민들의 발인 교통을 함께 고민하며 책임지고 해결하는 실천이 필요하다.

얼마 전까지 경기교통공사에서 사장직무대행을 수행한 사람으로서, 또 교통 전문가로서 안타까움과 무거운 책임감을 느낀다. 내가 역할에 맞는 권한을 갖게 된다면 김포의 교통문제부터 반드시 해결해야겠다는 다짐을 가슴에 새긴다.

## 산성 복원, 가현산에 새기는 김포의 꿈

_ 2025년 3월 28일

가현산 정상에 서면 김포 전역이 한눈에 들어온다. 1910년 이전에 발행된《금릉군지》선정 김포 8경에 '가현산 낙조' 가 들었을 만큼 가현산은 뛰어난 풍취를 자랑한다. 한남정맥의 한 줄기를 이루는 가현산에는 고려·조선 양 시대에 걸쳐 한성의 서부지역 방어의 요충을 담당한 가현산성이 있었다. 이 산성은 거듭된 전란과 자연재

해로 소실되어 지금은 흔적조차 찾기 어렵게 되었다.

　나는 어른들의 이야기와 옛 문헌을 살펴 김포의 잊힌 역사문화 유적인 가현산성의 제 모습을 되살려 보고자 했다. 아래 그림은 AI로 복원해본 가현산성이다.

가현산성 복원도(ChatGPT)

가현산성의 낙조(ChatGPT)

　행주산성과 계양산성도 모두 역사문화 기록과 흔적을 발굴하여 복원한 것이다. 나는 김포의 가현산성은 물론 수안산성과 문수산성도 시민들이 즐기는 생태문화공원으로 복원되었으면 좋겠다. 역사 탐방로가 조성되고 낙조 전망대가 설치되어 자연 친화적인 에코 트레킹이 일상이 되는 상상을 한다. 잊힌 기억을 되찾아 시민의 품에 돌려드리며 역사문화와 생태환경이 되살아나는 미래도시 김포를 꿈꾼다.

# 항일독립운동의 도시 김포,
# 그 정기를 널리 알리고 싶다

_ 2025년 3월 31일

일제강점기 항일무장독립투쟁을 이끈 의열단의 독립정신을 기리는 조선 의열단 기념사업회 발대식에 다녀왔다. 발대식에서 기념사업회 중앙 대변인을 맡게 된 나는 무거운 책임감을 느꼈다. 의열단은 3.1운동 뒤 신흥무관학교 교생 김원봉을 비롯하여 13명의 청년지사가 만주 지린성에서 모여 독립투쟁을 위해 결성한 비밀결사다. 단장은 약산 김원봉이고, 단재 신채호 선생이 약산의 의뢰를 받아 의열단 선언인 〈조선혁명선언〉(이하 '선언')을 썼다.

총 5개 장으로 구성된 선언은 의열단의 정신과 목적 그리고 투쟁 방편을 명시하는데, 마지막 구절에 그 핵심이 집약되었다.

민중은 우리 혁명의 대본영이다. 폭력은 우리 혁명의 유일 무기이다. 우리는 민중 속에 가서 민중과 손을 잡고 끊임없는 폭력(암살 · 파괴 · 폭동)으로써 강도 일본의 통치를 타도하고, 우리 생활에 불합리한 일체 제도를 개조하여, 인류로서 인류를 압박하지 못하며, 사회로서 사회를 수탈하지 못하는 이상적 조선을 건설할지니라.

기념사업회 회장은 독립정신 계승 선양에 헌신해온 이현문 선생이 맡았다. 항일독립운동의 도시, 김포에 지역구를 둔 김주영 의원은 "역사를 잊은 민족에게 미래는 없다"는 축사를 남겼다.

조선의열단기념사업회 발대식 장면

위촉장을 받은 조선의열단기념사업회 집행부

이런 일 등으로 분주한 나를 두고 종종 김포와 무관한 외부 일에 치우친 사람에게 김포 일을 맡길 수 있겠느냐고 말씀하시는 분도 있다. 그러나 이 일도 사실은 김포가 항일독립운동의 도시이기 때문에 참여하게 된 것이다. 나는 우리 김포가 독립운동, 애국애족 도시로 널리 알려지면 좋겠다. 김포의 오라니 장터가 천안의 아우내 장터처럼 유명해져서 국내외의 많은 사람이 김포를 찾아오는 날까지 열심히 뛸 작정이다.

앞에 나온 오라니 장터와 관련해서는 내가 2025년 11월 12일에 김포신문에 기고한 글이 있어 여기 소개한다.

## 양촌 오라니장의 부활, 김포 균형발전의 희망을 보다

찬 바람이 불기 시작한 늦가을, 양촌 오라니 장터가 다시 열렸다. 제12회를 맞은 이번 '오라니 장터 한마당 축제' 는 양촌읍과 주민자치회 그리고 지역 상인과 협회·단체, 후원기업들이 함께 힘을 모아 만들어낸 진정한 공동체의 축제였다.

이틀 동안 이어진 축제에는 연인원 1,000여 명이 넘는 시민들이 참여해 노래하고 춤추고 웃었다. 지역의 음식점과 주점이 직접 꾸린 민속장터에는 향긋한 냄새와 웃음이 뒤섞였고 '함께 사는 김포, 하나 되는 양촌'의 따뜻한 정이 골목마다 흘렀다.

오라니는 단순한 지명이 아니다. 이곳은 일제강점기 3.1운동의 함성이 울려 퍼졌던 항일독립운동의 성지이자 분단 이전 경기 서부를 대표했던 상업과 교류의 중심지였다. 수많은 상인이 모여들어 거래하고 서로 돕고 흙먼지 속에서도 웃음을 잃지 않던 오라니 장터에는 김포사람들의 실용적이고 부지런한 정신이 녹아 있었다. 그 정신이 바로 김포의 저력이며 지금 우리가 다시 일으켜 세워야 할 '시민의 힘' 이다.

나 역시 구래리에서 태어나 양곡초등학교를 다니며 그 정신을 배우고 자랐다. 학교 운동장에서 불렀던 독립가, 3.1 만세운동의 선열 이야기는 어린 가슴에 불씨를 남겼다.

"고향을 사랑하고 사람을 존중하며 함께 사는 세상을 만들라."

그때 들은 교훈은 지금도 내 삶의 중심에 있다. 김포의 발전은 거대한 건물이나 산업단지에서 시작되는 것이 아니라 이웃과 이웃이 손을 맞잡는 그 마음에서 출발한다고 믿는다.

오늘의 오라니 장터는 단순한 전통행사가 아니다. 이곳에는 선주민과 이주민, 다문화 가정과 탈북민이 어울려 함께 웃는다. 누구나 이웃이 되고 모두가 주인이 되는 '김포 공동체의 축제' 다. 이 에너지가 지역을 살리고 시민을 잇고 김포의 미래를 움직이는 힘이 되고 있다.

특히 주목할 점은 '2035 김포 도시기본계획' 에서 양곡을 포함한 양촌 · 한강 신도시 권역이 김포 균형발전의 핵심 허브로 설정되어 있다는 사실이다. 전통의 오라니 장터와 현대의 한강신도시가 만나는 이 지역은 역사와 산업, 문화와 경제가 조화를 이루는 김포 발전의 중심축이다. 이곳이 단순히 과거의 장터로 머물지 않고 역사문화와 시민 경제를 잇는 새로운 플랫폼으로 발전한다면 한강하구와 서해 중립수역을 품은 김포 서부권은 자립적이고 역동적인 도시경제권으로 성장할 수 있다.

이제 우리는 오라니의 상인정신과 항일정신을 오늘의 기업가정신으로 되살려야 한다. 김포의 지역경제를 스스로 일으키고 소상공인이 활짝 웃는 도시로 만드는 일 청년이 머물고 시민이 행복한 균형도시를 만드는 일이 바로 그 길이다. '시민이 주인인 김포', '함께 사는 김포' 는 구호가 아니라 세대를 이어온 김포사람들의 DNA이자 삶의 방식이다.

오라니의 흙길 위에는 여전히 사람 냄새가 난다. 그 길 위에서 다시 피어난 공동체의 자부심은 김포의 과거를 품고, 현재를 일구며, 미래로 나아가는 등불이 되고 있다. 역사와 문화, 경제와 사람이 함께 숨 쉬는 김포다운 김포-그 길에 김포시민 모두의 꿈과 소망이 함께 하길 바란다.

# 마침내 탄핵 심판 선고,
# 민주주의를 향한 간절한 기도



　탄핵 심판 선고를 하루 앞둔 오후부터 헌법재판소가 있는 종로구 재동과 안국동 일대는 시민들의 함성과 응원의 빛으로 가득했다. 나는 늦은 밤까지 김주영, 박상혁 의원을 비롯하여 많은 김포 시민과 함께했다. 지난 4개월간 광장에서 숱한 시간을 보내며 민주주의에 대해서 얼마나 깊이 고민하고, 그 회복을 얼마나 간절히 기도했던가.

윤석열 탄핵 심판 선고 전야의 광화문 · 안국동 일대

무엇이 우리를 이토록 잠 못 들게 하는가? 민주주의가 무엇이기에 이리도 많은 김포시민이 한강을 건너와 광화문 광장을 채우게 되었는가? 묻고 또 물었다.

시민에게 민주주의는 밥이다. 삶이고 생활이다. 나는 반독재 학생운동과 노동운동의 한가운데를 관통해온 사람이지만 이제 더는 어려운 용어나 구호가 필요하지 않은 세상이 되었다. 엄혹한 시절인 1980년대에 나는 공안 당국의 추적을 피해 수년간 고향 땅도 찾지 못한 슬픈 기억을 지니고 있다. 이제 내가 안심하고 행복하게 살 수 있는 세상을 만드는 것, 그것이 바로 민주주의일 터이다.

대한민국이 시민의 힘으로 회복되어 가고 있다. 김포시민들과 함께한 현장이어서 더욱 감회가 새롭다. 시민이 주인 되는 김포, 더불어 살아가는 행복한 세상을 김포시민들과 함께 만들고 싶다.

# 모색하고 성찰하고 꿈꾸다

**기본사회,
김포가 가야 할 미래**

_ 2025년 4월 11일

더불어민주당 경기도당 기본사회위원회 선포식에 참석하기 위해서 국회에 왔다. 평일임에도 국회 회의실은 사람들로 가득 찼다. 경기도가 기본소득과 기본사회운동의 시원이라는 자부심이 느껴지는 자리였다.

기본사회란 무엇일까? 헌법이 보장하는 기본권을 시민들이 실제로 누리며 사는 세상이다. '먹사니즘'을 넘어 '잘사니즘'으로 나가는 길이자 복지가 시혜가 아닌 권리로 전환되는 세상이다.

기본사회 운동을 주도한 민주연구원 이한주 원장의 특강이 있었다. 내가 지난 총선을 준비할 때 후원회장을 맡아 큰 힘이 되어준 분이다. 한국 사회 대전환이라는 주제로 기본사회 비전을 함께 나눴다.

나는 이번에 경기도당 기본사회위원회 부위원장을 맡았다. 위원장을 맡은 염태영 의원은 1990년대 시민사회운동 시절부터 함께해 온 동지다. 자치분권과 기본사회운동의 리더로서 그분과 다시 함께 일하게 되어 기대가 크다.

현장에서 김포의 이웃들을 떠올리며 기본사회는 민주주의와 함께 발전해야 하며 성장의 토대 위에서 실현될 수 있음을 인식했다.

김포에선 지난 2021년 6월에 기본소득국민운동김포본부가 설립되어 활동해왔으며, 이를 계승하여 최근 (사)기본사회 김포지부로 개편하여 김포형 기본사회 비전을 추진하는 중이다. 시장경제와 조화를 이루며 모두가 행복해지는 길을 시민들과 함께 찾아갈 것이다.

기본사회포럼 특강을 마치고 이한주 원장과 함께

# 고촌 전호리,
# 한강하구에 새기는 평화의 꿈

_ 2025년 4월 23일

김포신문에 내 칼럼이 실렸다. 고촌 전호리와 한강하구를 동북아 평화관광의 중심지로 만들자는 제안을 담은 글이다. 50만 대도시로 발돋움한 김포의 도시 규모에 비하면 역사문화생태 관광인프라가 턱없이 부족해서 늘 아쉬웠던 터라 지역학 연구자인 최영찬 선생의 구상에 기반한 담대한 비전을 칼럼으로 정리해본 것이다.

전호리 일대에 동북아 평화관광 마을을 조성하는 것이 기본 구상이다. 남북접경지의 한강하구라는 지역적 특성을 살려 평화와 생태, 역사가 공존하는 랜드마크를 만드는 것이다. 국가철도망 유치와 함께 추진한다면 실현이 어렵지 않다. 그로 인해 김포는 명실상부한 평화관광의 글로벌 중심지로 거듭나게 될 것이다.

물론 혼자만의 생각은 아니다. 김포시민들과 말씀을 나누는 가운데 널리 공감한 내용이다. 우리 모두 힘을 모으면 가능한 일이다. 산을 깎고 허무는 식의 난개발을 부추기는 요란한 구호보다는 김포가 가진 장점을 살려 실질적인 변화를 끌어냄으로써 김포를 찾거나 김포에 살고 싶은 이유를 하나씩 만들어가자는 이야기다. 한강하구에 평화의 꿈을 새기는 그날까지 함께 걸어갈 것이다.

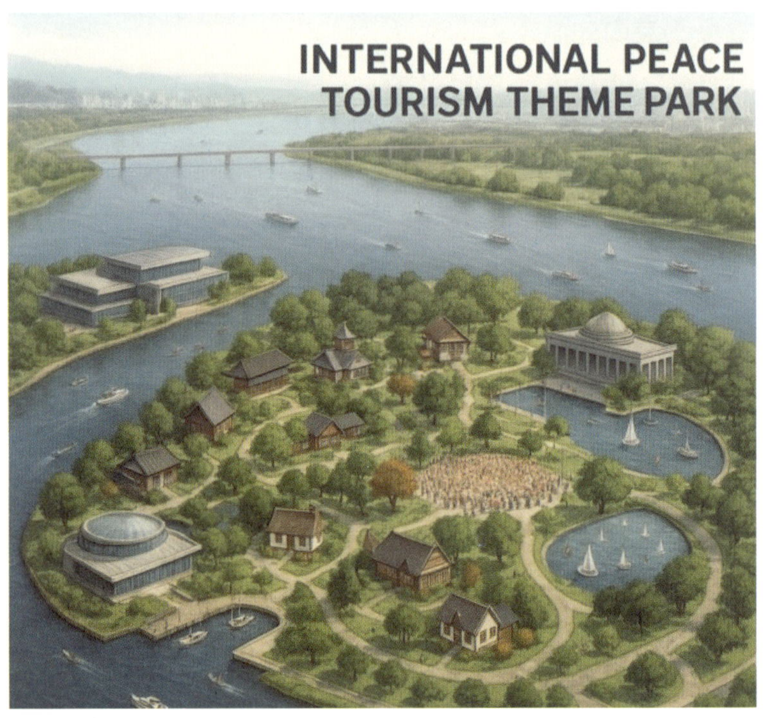



국제평화관광 테마파크 조감도(ChatGPT)

이 칼럼은 김포의 미래 발전 청사진의 핵심 비전을 담고 있어서
여기 전문을 소개한다.

# 김포 전호리,
# 한강하구 국제평화관광의 중심으로 도약해야

서울과 가까운 김포시 고촌읍 전호리 일대가 새로운 전환점을 맞고 있다. 그린벨트 해제 물량 확보와 함께 서울시의 김포 연계 한강 수상 버스 운영 계획, 아라뱃길과 연계한 아라마리나 수변 인프라는 전호리를 수도권 서부의 단순한 외곽지대가 아닌 국제적 수변 거점도시로 탈바꿈시킬 조건을 갖추게 됐다.

이제 김포는 그 지리적 이점을 넘어, 국제평화관광도시라는 새로운 정체성을 고민해야 할 때다. 이를 위한 핵심 전략은 세 가지다.

첫째, 막혀 있던 한강하구의 흐름을 되살려 자연과 교류가 숨 쉬는 한강 수로를 복원시키는 것.

둘째, 관광과 문화 그리고 국제회의가 융합된 복합 테마파크를 조성하는 것.

셋째, 한반도와 동북아의 평화를 실천하는 공간으로 '국제평화마을' 을 조성하는 것이다.


## 신곡수중보의 전류리 이전과 한강하구 수로의 평화적 복원

1988년 올림픽에 맞춰 유람선을 띄우기 위해 설치된 신곡수중보는 한강하구의 생태 흐름을 인위적으로 차단해 왔다.

최근 수자원공사와 환경부, 지자체 일각에서 논의되고 있는 신곡수중보의 전류리 이전은 단순한 수공 시설 이전이 아니라, 한강하구 생태복원과 평화 수로 조성의 기폭제가 될 수 있다.

서울 여의도에서 김포 전호리와 아라뱃길로 이어지는 유람선과 수상 관광버스, 전호리에서 강화도로 연결되는 수변 관광, 나아가 조강과 임진강·예성강으로 연결되는 흐름은 한강하구를 동북아의 평화 수로 관광벨트로 확장시킨다. 이는 '물길이 열리는 곳에 평화가 깃든다' 는 명제를 실현할 물리적 기반이 될 수 있다.

## 국제회의·전시·한류 콘텐츠를 결합한 평화관광 테마파크

전호리 일대는 김포공항과 인천공항 사이에 위치하며, 아라뱃길·한강 수로와 직접 연결되는 '하늘·땅·물' 3중 교통망의 중심지다. 이를 활용하여 다음과 같은 복합 관광단지를 조성했으면 한다.

### • 국제회의 및 전시 컨벤션 센터

동북아 평화협력포럼, 한강하구 생태환경 국제회의, 한·중·일 관광·문화 교류 박람회 등을 정례화해 김포를 국제평화 담론의 중심지로 육성

### • 한류 콘텐츠 테마파크

드라마 촬영지 세트, 전통문화 체험, 야외 공연장과 음악 광장, 팬미팅

홀 등 K-콘텐츠 기반 체류형 관광 콘텐츠 구성

### • 수상레저 & 힐링 복합단지

한강 요트체험, 루프탑 크루즈, 전통주 · 세계음식 페스티벌 등 다양한 해양 문화 프로그램 개발

### • 국제평화마을 구상

동북아 화해 · 공존의 모델

무엇보다 이번 구상의 핵심은 국제평화마을(International Peace Village) 조성이다. 한반도와 동북아의 긴장 완화와 협력의 메시지를 담은 이 공간은 다음과 같은 특징을 갖는다.

### • 한 · 중 · 일과 미 · 러의 전통 생활문화 공간 구성

각국의 역사 · 문화와 건축 양식, 음식, 예술 · 공예, 생활소품 등을 전시 · 체험할 공간 조성. 예컨대 전통 일본 정원, 미국 팜하우스 스타일 레지던스, 러시아 벽난로 문화 공간 등을 포함

### • 평화교육 & 시민 외교 체험장

청소년 · 청년을 대상으로 한 국제교류 프로그램, 모의 UN · 다문화 캠프, 평화 공공디자인 워크숍 운영

### • 문화공존 광장 및 글로벌 페스티벌 개최

국가별 전통의상 퍼레이드, 세계음식 마켓, 다국적 버스킹, 난민 예술가 전시회 등 '공존과 연대'를 주제로 한 대중문화 콘텐츠 구현

이러한 공간은 단순한 테마파크가 아닌 '한반도형 국제 평화문화 실험 공원' 으로 자리매김할 수 있으며 향후 김포 평화누리길과 DMZ 관광 및 강화도 평화유산 콘텐츠와도 유기적 연계가 가능하다.

## 김포 고촌 전호리, 한강하구 평화의 수로에서 세계를 잇다.

김포 전호리는 서울과 한강, 강화도와 DMZ, 그리고 동북아 한 · 중 · 일을 아우르는 지정학적 · 문화적 결정점이다. 신곡수중보 이전으로 생태 흐름을 복원하고 동북아의 미 · 중 패권 다툼을 평화공존의 교두보로 활용할 수 있는 국제평화관광테마파크와 국제평화마을을 조성하며 국제회의 · 전시 · 한류 콘텐츠 · 수상레저를 통합한 복합관광 인프라를 구축한다면 김포는 단지 외곽 도시가 아니라 수도권 서부의 중심도시이자 서해로 뻗어가는 해양도시로 평화와 생명의 세계도시로 거듭날 수 있을 것이다.

김포는 지금, 한반도의 남북갈등과 긴장을 녹이고 동북아의 미래를 여는 물길 위에 서 있다.

_ 출처 : 김포신문 2025. 04. 23.

# 퇴직연금,
# 시민의 노후를 책임지는 사회

_ 2025년 4월 24일

노동계 출신인 한정애 국회의원이 주최한 "퇴직연금제도 개선방안 정책토론회"에 다녀왔다. 고령화 사회에 접어든 대한민국에서 김포 또한 노후 문제에서 자유로울 수 없다. 특히 소상공인이 많은 김포에서는 직장인의 퇴직연금제도 개선과 함께 김포만의 고민을 시작해야 할 때다. "노후 소득보장"이라는 문구가 오늘따라 부쩍 무겁게 다가온다.

2003년 당시 나는 민주노총 대외협력실장으로 노사정위원회 실무협상 테이블에 앉아 퇴직연금 법제화를 위해 노력했다. 그로부터 20여 년이 지났지만, 제도는 여전히 부실하다. 중도 인출과 해지, 국민연금보다 낮은 수익률, 여전히 크게 존재하는 사각지대, 높은 수수료 등 퇴직연금의 본래의 취지가 무색할 정도로 손을 봐야 할 데가 너무나 많다.

382조 원이나 되는 적립금을 이제라도 잘 운영함으로써 고령화 사회를 대비하여 많은 사람의 노후가 보장되도록 해야겠다. 하지만 여전히 비정규직, 플랫폼 노동자, 자영업자는 제도 밖에 있는 현실은 너무도 안타깝다. 김포도 피해갈 수 없는 현실이라 더욱 그렇다.

토론장을 나서며 생각했다. 먹고사는 것이 힘든 나라, 노후가 불안한 나라에서 희망을 품을 수 없겠구나. 나라의 주인인 국민이 노후 걱정 없이 살아갈 수 있도록 나라가 해야 할 일을 제때 준비해야겠다. 20여 년 전 그 협상 테이블에 앉았던 사람으로 끝까지 힘을 보탤 각오다. 그리고 김포시민의 노후에 대한 준비도 함께 고민하도록 하겠다.


## 먹사니즘,
## 김포에 씨를 뿌리다

_2025년 5월 2일


먹사니즘 김포네트워크 출범 소식을 여러 언론이 알렸다. 김포시민신문, 김포신문, 경인일보가 일제히 보도했다. 민들레 홀씨처럼 먹사니즘 운동이 전국으로 번져가고 있다는 생각에 뿌듯하다.

나는 '먹사니즘 전국네트워크' 정책위원장과 '김포먹사니즘네트워크' 상임대표를 맡게 되었다. 먹사니즘 운동은 1970년대에 전국으로 번졌던 새마을운동처럼 잘 먹고 잘 살사는 나라를 만들자는 운동이다. 거창한 구호가 아닌 정치의 중심이 민생이 되어야 한다는 지극히 당연한 이야기다.

출범식에서 만난 김포시민들의 눈빛을 기억한다. 먹고사는 문제에는 여도 야도 없다. 어떤 정치도 이 문제를 해결하지 못하면 의미가 없다는 건 우리 모두 알고 있다. 먹사니즘은 오늘의 삶과 내일의 문제를 함께 해결하는 첫걸음이다.

먹사니즘 전국네트워크 경기지부 먹사니즘 네트워크 출범식

이재명 정부의 먹사니즘이 단순한 구호에 그치지 않고 시민들의 삶이 근본적으로 바뀌는 계기가 될 것을 확신한다. 김포에서 시작된 민생의 꿈이 전국 방방곡곡 퍼지기를 바란다. 국민 행복 시대를 열기 위하여 김포시민들과 끝까지 함께할 것이다.

**[관련 기사]**   

# 제21대 대통령 선거,
# 이재명 캠프의 중책을 맡으며

_ 2025년 5월 11일

나는 이재명 대선 후보 캠프에서 윤호중 선대위원장실 실장을 거쳐 중앙선대위 후보 직속 총괄특보단 후보 직속 대외협력특보단장과 사회적경제위원회 부위원장에 임명되었다. 2개 임명장을 무거운 책임감으로 받았다. 가슴이 뛰었다. 내가 오랫동안 머물며 활동했던 시민사회단체와의 협력과 연대를 재구축하고 사회적 경제를 통해 무너진 공동체를 살리고 그 결과 지방소멸을 막고 지역균형발전에 기여할 기회가 왔기 때문이다.

이재명 후보의 3대 성장전략은 첫 번째는 AI · 바이오 · 문화콘텐츠 · 방위산업 · 에너지 · 제조혁신을 중심으로 한 글로벌 성장정책이다. 두 번째는 글로벌 경제와 연계하여 강소 벤처기업과 중소상공인 경제를 키우는 내수경제 성장정책이다. 그리고 세 번째는 내가 맡게 된 제3섹터 비영리 경제와 시민사회 기반의 협동조합, 사회적 경제를 육성하는 사회연대경제 육성정책이다.

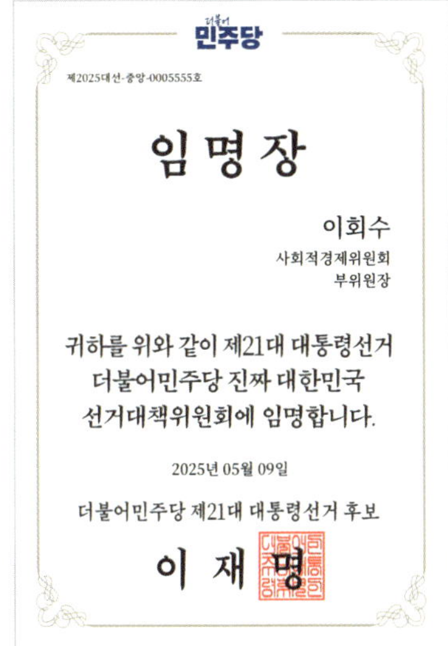


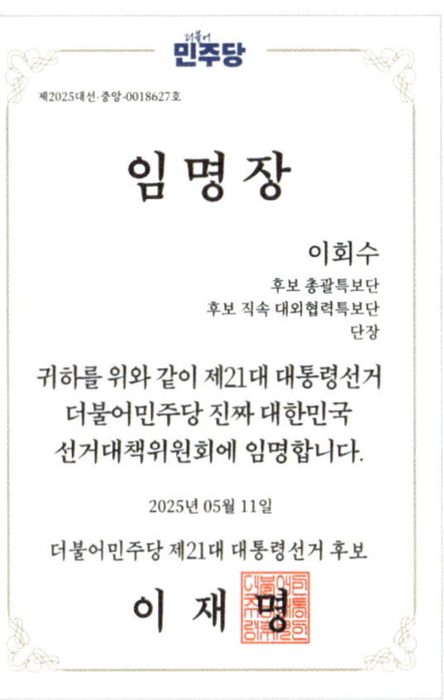


나는 소상공인이 많은 김포도 풀뿌리 지역공동체가 경제 활성화의 답이라고 믿는다. 시장경제의 폐해를 보완하고 혁신과 포용이 선순환되는 지속 가능한 경제를 사회연대경제로 만들 수 있다. 내가 그동안 함께해온 전국 사회연대경제 활동의 경험과 김포의 현장에서 만난 협동조합과 마을기업 등 사회연대경제인들의 목소리를 통해서도 확인할 수 있다.

20개 공약으로 구성된 협동조합과 사회적경제 육성정책이 현장에서 뿌리내리도록 최선을 다할 각오다. 김포의 소상공인 협동조합 경제와 골목 경제가 살아나고, 이웃과 더불어 사는 공동체가 회복되리라 믿는다.

# 문화강국의 그늘,
# 예술가의 눈물에 빚지다

_ 2025년 5월 15일

남영동 사무실에서 전국학교비정규직노동조합 문화예술 강사분들을 만났다. 먹사니즘 전국네트워크 집행부와 함께한 정책간담회였다. 나는 먹사니즘 정책위원장 자격으로 참석했다. 현장의 목소리를 들으려 노력하는 나로서도 오늘만큼은 힘들었다. 그들의 이야기를 듣는 내내 눈물이 울컥했다.

"연봉이 500만 원도 안 됩니다."
"필요에 따라 마구잡이로 채용되고 해고됩니다."
"거지 같은 인생을 살고 있습니다."

이런 말을 들었을 때는 가슴이 먹먹했다. K-문화강국을 외치는 나라에서, 초 · 중 · 고 전통예술 교육을 책임지는 사람들의 삶이 이렇다는 현실이 참으로 부끄러웠다.

예술 강사들이 원하는 바는 무기계약직 전환을 통한 고용안정이었다. 생존권과 자존심을 지켜달라고 했다. 당연한 요구다. 문화예술이 살아야 교육이 살고, 교육이 살아야 미래가 있다. 나는 이분들의 목소리를 새로운 정부의 문화정책에 반드시 반영하겠다고 약속했다. 현장의 눈물이 정책의 변화로 이어지도록 예술가들이 존중받는 사회를 만드는 데 힘을 보탤 각오다.

예술가들이 존중받는 사회가 선진국이다. 평소 내가 김포의 문화예술 현장을 자주 찾는 이유도 여기에 있다. 대도시는 그 수준에 맞는 문화예술 정책이 동반되어야 한다. 김포에서도 문화예술과 교육이 더욱 활성화되고, 문화예술인 기본소득과 창작기금 조성 등 예술인들이 당당하게 살 수 있는 환경을 조성하는 데 온 힘을 기울일 것이다.

문화예술인들과 함께한 필자(오른쪽에서 두 번째)

# 김포 사우사거리에서 펼친
# 21대 대선 대시민 유세전

_ 2025년 5월 22일

정말 먹고사는 문제, 민생이 중요하다. 어제는 신곡사거리, 그제는 마산역, 오늘은 김포 사우동 사거리에 먹사니즘김포와 이사모 회원들이 출현해서 선거 캠페인을 벌였는데 대부분 하루도 빠지지 않을 정도로 자원봉사 의지가 대단한 분들이다.

아침에는 김포갑의 유세차에 올라 내란 정권의 경제 폭망을 규탄하고 다 함께 잘사는 새 시대의 이재명 비전에 대해 말씀드렸다.

김주영 김포갑 선대위원장과 선거운동원들이 눈빛으로 소통하고 승리의 기운을 주고받으며 힘든 줄도 모르고 소리쳤다. 이재명!

김포 사우 사거리에서 이재명 후보 지지를 호소하는 필자

대통령 선거 중반전에 접어들면서 상승세를 보이던 이재명 후보 지지율이 잠시 주춤거리니 긴장하자고, '어대명'이라고 결코 자만해서는 안 된다고 호소했다. 보수층이 자포자기한 것 같다고 하지만 다시 결집하고 있어 마음을 놓을 수 없는 상황임을 알렸다.

마지막까지 아군만이 아니라 중도층과 보수층의 마음을 사기 위해 오늘도 인사드리고 북변동 5일장도 찾아서 상인들을 만났다. 점심때 북변동 오일장 선거 캠페인에 갔다가 뜻밖의 사람을 만나기도 했습니다. 일전에 국민의힘 예비후보였던 분이 내란세력을 비판하며 탈당해서 민주당에 입당했다고 한다. 김포를 사랑하고 헌정질서 수호에 공감하는 중도보수 성향의 분들이 극우 내란 당과 결별하고 민주당에 밀물처럼 몰려왔으면 한다.


## 광역대중교통의 통합,
## 김포가 앞장서서 이뤄내야

_ 2025년 6월 11일


김포신문에 대도시권광역교통위원회(이하 '대광위') 공공버스 운영의 문제점을 다룬 글을 기고했다. 수도권 대중교통의 분절된 현실을 바로잡아야 한다는 절박함에서 쓴 글이다.

매일 경계를 넘나들며 출퇴근하는 수도권에 사는 시민들에게 서울·경기·인천은 더는 행정구역이 아니다. 초광역 생활이 일상이 된 지 오래다. 하지만 제도가 현실을 따라오지 못하고 있다. 경기도에서 버스를 타면 그 버스가 대광위 소속인지 경기도 소속인지에 따라 요금도, 배차도, 민원 창구도 제각각이다. 불편은 온전히 시민의 몫이다.

김포는 이 문제의 축소판이다. 광역버스는 대광위, 시내버스는 경기도가 관장하면서 정산기준이 일치하지 않고, 서비스는 떨어지며, 버스 기사 이탈이 반복된다. 하나의 생활권 안에 두 개의 교통행정이 존재하면서 생기는 문제들이다. 이 문제를 더는 두고 봐서는 안 된다.

**김포가 수도권 광역-기초 교통운영 통합 모델의 시범도시가 되어야 한다. 운영방식의 표준화, 노동시장 통합 기준 마련, 김포 형 통합 관리모델 구축. 이 세 가지를 실현하면 김포를 넘어 수도권 서부 전체로 확산할 수 있다.**

지금 필요한 것은 새로운 제도가 아니라 기존 제도 간의 틈을 메우고 기준을 하나로 세우는 일이다. 광역교통권 시대에 맞는 새로운 기준을 만드는 첫 사례가 김포가 되어야 한다. 골드라인 고장으로 미세먼지를 마시며 동동거리던 그날의 다짐을 다시 떠올린다. 교통은 단순한 이동수단이 아니라 기본권의 문제다. 경기교통공사

사장 직무대행의 경험을 살려 경기도와 서울시·인천시를 아우르
는 광역생활권이란 넓은 시야로 서부권 전체의 교통문제를 해결하
는 데 김포가 앞장설 수 있도록 방법을 찾아갈 것이다.

## 회복과 성장을 향한 대전환의 도시
## 김포를 수도권 서부의 시작점으로

_ 2025년 6월 12일

김포신문에 새 정부의 출범과 김포의 미래에 관한 글을 기고했다.
오랫동안 가슴에 품어온 생각들을 정리하는 시간이었다.

김포는 오랫동안 서울 중심 개발의 그림자에 머물러 있었다. 불확
실하고 현실성이 없는 '서울 편입론' 과 접경도시에 불리한 '경기도
분도론' 으로는 김포의 미래를 이야기할 수 없다. 김포는 정치의 유
불리를 떠나서 외부 변수에 더는 휘둘리지 않도록 스스로 대도시
비전 전략을 세워 김포의 정체성을 찾고 인접 도시와의 협력연대
모델로 확장해야 한다.

김포는 이미 그 청사진을 가지고 있다. '2035 김포 도시기본계획'
이다. 김포한강2 콤팩트시티, 노후 산업단지의 스마트 리뉴얼, 대곶
면 일대 환경 재생 복합단지, 시네폴리스와 풍무역세권 개발, 양촌

지구 허브화 전략 등. 이것은 단순한 도시의 확장이 아니라 주거와 산업, 환경이 조화를 이루는 지속 가능한 친환경 미래도시를 향한 로드맵이라 할 수 있다.

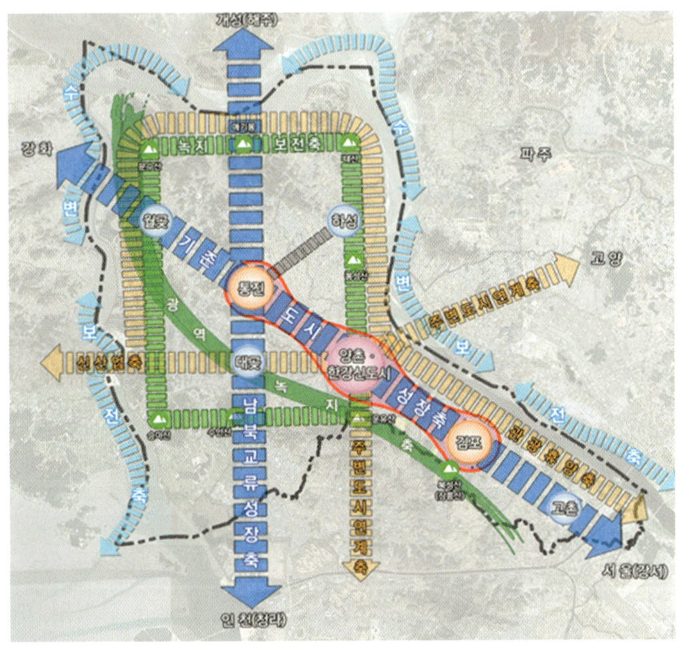

2035 김포 도시기본계획 설계도

지난 5월 20일 구래역 광장에서 이재명 대선 후보가 전한 메시지에서 김포를 수도권 서부 메가시티의 거점도시로 보는 시각을 확인할 수 있었다. GTX-D 노선, 서울 5호선 김포 연장, 인천 2호선 Y자 노선 김포 연계. 이 모든 것은 교통 편의를 넘어 김포가 부천·계양·강서·검단·강화와 유기적으로 연결되는 '도시 간 협력 생태계'를 만드는 폭넓은 시야가 필요하다.

이제 교통은 물리적 연결고리를 넘어 경제권 통합의 기반이 되어야 한다. 지금 김포에 필요한 것은 시민이 체감할 수 있는 실질적 정책과 광역의 비전을 바탕으로 한 시정 대전환이다. 김포시민들이 새로운 길로 방향을 전환할 것을 요구해야 한다.

새로운 시각을 가져야 '2035 도시기본계획'을 흔들림 없이 추진할 수 있다. 그래야 김포가 초광역 협력체계 구축의 중심에 설 수 있다. 이제 더 이상 김포는 서울의 끝이 아니라 서해항로를 여는 수도권 서부의 시작점이다.

**[관련 기사]**

## AI 도시로의 전환, 김포가 선도할 수 있다

_ 2025년 6월 18일

경기도 화성특례시가 주최한 대한민국 최초의 지방정부 AI 엑스포 'MARS 2025'에 다녀왔다. 코엑스 전시장은 열기로 가득했다. 매향리의 전쟁 애환이 서린 화성시가 김포시보다 먼저 AI 메가 도시를 꿈꾸는 현장이었다.

과거에는 중앙정부-광역지자체-기초지자체 순서대로 이어지는 변화의 구조였다면, AI 시대에는 모든 것이 일시에 급변하는 세상이다. 특정 영역에서는 지방정부가 선도할 수도 있다. 그래서 중앙정부의 AI 정책이 어떻게 가고 있는지, 다른 지방정부는 어떻게 준비하고 있는지 실시간으로 점검하고 벤치마킹하는 것이 필요하다.

나는 화성의 AI 엑스포를 참관하는 가운데 김포에서 시작하는 AI의 미래를 그려보았다. 지방이 주도하는 AI 혁신, 도시의 패러다임을 바꾸는 AI 문화, 시민이 체감하는 AI 행정 등 이미 대전환은 시작되었다.

MARS 2025를 참관한 필자(왼쪽에서 두 번째)

행사 후 참석한 전문가들과 함께 김포 이야기를 나눴다. '김포도 AI 문화도시가 될 수 있을까?' 분단과 평화, 접경지역이라는 특수성을 AI를 통한 치유와 상상력의 공간으로 전환할 수 있겠다는 긍정적인 답을 많은 분에게서 확인할 수 있었다. 이제 김포도 AI로 시작된 새로운 도시 문명 실험을 과감하게 시작할 때다.

## 수도권 서부 8개 도시,
## 분산을 넘어 초광역 연결과 협력으로
_2025년 6월 18일

김포를 비롯하여 부천·광명, 인천 계양·서구·강화 그리고 서울 강서·양천을 포함한 인구 350만의 광역생활권은 항만과 공항, 철도와 생태 축을 고루 갖춘 수도권 서부의 관문이다. 그러나 지금까지 각 도시는 각자도생의 틀을 벗어나지 못하고 서로 경쟁하며 발전의 한계에 놓여 있다.

'교통 불편 해소'를 명분으로 내놓은 '서울 편입'과 같은 근시안적 처방은 문제의 본질을 놓치거나 외면한 대증요법에 불과하다. 문제를 근본적 시각으로 바라보고 현실을 냉정하게 고려할 필요가 있다. 그런 점에서 지방자치법 제12장에 근거한 '특별지방자치단체' 설립이 유력한 해결 방안이다. 이 법은 기존 행정구역을 유지하면서 복수의 지방정부가 공동기능을 수행하는 법적 제도다. 남한산성 도시 특별연합이 생태보전모델을 구축한 것처럼 수도권 서부권도 교통·산업·환경·교육 분야에서 얼마든지 실질적인 협력 거버넌스를 실현할 수 있다.

이것은 누가 나설 것이냐의 문제다. 누구나 큰 틀에서 해결해야 할 문제임을 알면서도 아직 아무도 손을 내밀지 않고 있다. 단순히 지하철을 연장하고 철도역을 신설하는 방식의 단편적 인식을 넘어서야 한다. 행정구역을 넘나드는 유연한 상상력이 문제해결의 실마리가 될 것이다.

각 도시는 기능별 산업경제벨트로 연결할 수 있다. 김포는 AI·에너지 기반 스마트 물류 허브, 강화는 생태관광 도시, 계양은 항공 MRO 플랫폼 등으로 전체가 하나의 클러스터로 작동하며 시너지를 내는 큰 그림을 그려야 한다. 서로 경쟁하지 않고 협력하는 밑그림을 그리는 데 김포가 앞장서야 한다. 김포가 '서울의 변방'이 아니라 '서부권 메가시티의 중심축'으로 자리 잡는 것이 진짜 김포가 가야 할 길이다.

이와 관련하여 내가 김포신문에 기고한 칼럼은 서부권 메가시티 구상을 일목요연하게 담고 있어서 여기 전문을 소개한다.

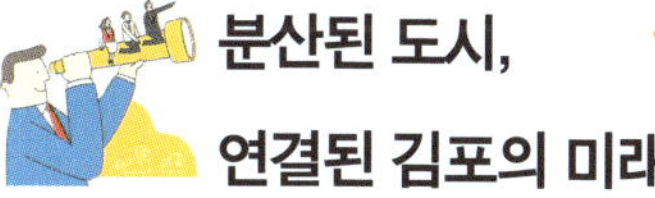

# 분산된 도시,
# 연결된 김포의 미래

수도권 서부(경기 김포·부천·광명, 인천 계양·서구·강화, 서울 강서·양천). 인구 350만에 달하는 이 광역생활권은 항만과 공항, 철도, 하천과 생태 축까지 고루 갖춘 수도권 서부의 관문이자 국가 전략지대다. 그러나 지금까지 이 지역은 개별 도시가 '각자도생' 으로 경쟁하고 광역교통망은 단절되어 '따로 또 같이' 움직이며 발전의 한계에 부딪혀왔다.

이제는 '분산된 도시' 를 유기적으로 연결하고 '공동운명체' 로 도약할 새로운 전략이 필요하다. 수도권 서부는 단일 도시 통합이 아닌 기능 중심의 연합, 즉 '강소형 메가시티' 로 거듭나야 한다.

## 김포의 서울 편입 구상이 가진 문제

최근 김포시는 서울 편입을 추진하며 '교통 불편 해소' 를 가장 큰 명분으로 내세우고 있다. 하지만 이는 교통문제의 본질을 외면한 근시안적 처방이다. 단일 행정구역으로의 편입은 실질적인 광역교통 개선 효과를 담보하지 못할뿐더러 김포의 독자적 기능과 발전 전략을 서울의 주변부로 전락시키는 결과를 초래할 가능성이 크다.

교통·산업·환경 등 지역발전 과제를 해결하려면 물리적 구역 변경이 아니라 실질적 협력 네트워크와 기능 연계가 해법이다. 편입 논의로 행정력과 주민 역량이 소모되는 지금이야말로 발상의 전환이 절실하다. 김포시는 독자적 경쟁력이 아닌 연대와 협력으로 수도권 서부 벨트 전체 성장동력의 한 축으로 자리매김해야 한다.

### '강소형 메가시티'의 비전과 해법

과거 김포 · 강화 · 계양 등 일부 지역은 행정통합 논의가 반복됐으나 구역 확대나 시 · 군 병합은 시민 수용성과 정치적 부담 탓에 실현되지 못했다. 이에 대한 현실적 대안이 바로 2022년부터 시행된 지방자치법 제12장(제199조~211조)에 근거한 '특별지방자치단체' 설립이다.

특별지방자치단체는 기존 행정구역을 유지하면서 복수의 지방정부가 공동기능을 수행하는 법적 제도로, 단순한 협의체가 아닌 정책 연합과 기능 공유의 플랫폼이다. 남한산성 도시 특별연합이 생태 보전 · 활용 모델을 구축한 것처럼 수도권 서부권도 교통 · 산업 · 환경 분야에서 실질적 연계와 협력 거버넌스를 실현할 수 있다.

### 교통의 실핏줄을 하나로…'Y자형 광역교통망'

서부권의 최대 걸림돌은 단절된 교통이다. 서울과 지리적으로 인접하지만, 철도 · 도로망은 단선적 · 편중적으로 구성돼 있다. 행정구역 변경만으로 해결되지 않는 이유다. 해법은 서울역과 강남을 중심축으로 한 'Y자형 광역철도망' 구축이다.

• GTX-B 노선(서부권과 서울 중심 연결: 송도—여의도—서울역—마석)

• GTX-D 직결화(김포—강남—하남 구간 직접 연결)

• 인천 2호선 연장(완정역 기준 양 갈래 연장: 완정—김포걸포 연장, 김포 양촌 ·
검단오류역 동시 추진)

• 서울지하철 5 · 9호선 연장(방화—김포—검단—김포한강 및 공항—청라 연결)

• 김포반도해강안도로 신설(인천서구—김포—강화—김포 해안 벨트로 관광 ·
물류 통합축 구축)

이러한 전략적 교통망과 연계 도로 건설이야말로 김포시가 서울과의
접근성을 획기적으로 개선하는 현실적 해법이다.


## '기능별 산업경제벨트' 로 도시 간 상생발전

교통만으로는 부족하다. 산업기능을 분산 · 연계 · 보완해 상생의 산업
지대를 만들어야 한다.

• 김포 : AI · 에너지 기반 스마트 물류 허브

• 강화 : 생태관광 · 농생명 스마트팜 도시

• 인천서구 : 자원순환 · 환경바이오 산업 중심

• 계양 : 항공 MRO · 디지털 창업 플랫폼

• 부천 : 콘텐츠 · 영상 · 로봇 특화 도시

• 광명: 철도기반 스마트제조 · 주거복합 도시

• 강서 · 양천: 공항 · UAM 중심 국제물류 거점

이러한 기능별 산업경제벨트는 각 도시가 독자 경쟁하는 것이 아니라 하나의 클러스터로 작동하며 시너지를 낼 수 있다.

## 도시순환형 교통망과 생태 공유로 지속가능성 강화

도시 간 연결뿐 아니라 내부 접근성 개선도 필수다. 시 · 군 경계에 가로막힌 대중교통 체계를 개선해 실질적 통합 생활권을 만들어야 한다.

• 광역형 BRT 및 순환버스망 구축

• 공공자전거 · 마이크로모빌리티 공유체계

• 통합환승 시스템 및 요금 연계화

또 한남정맥 산줄기와 한강하구 녹지 축을 공동 관리해 '서부 녹색도시연합' 을 생태 보전지구와 시민 휴식처로 활용해야 한다.

## 함께 가야 할 시간, 이제 선택은 분명하다

수도권 서부는 대한민국 성장엔진이다. 김포가 서울 편입으로 얻을 수 있는 것은 제한적이지만 잃을 것은 크다. 독자 도시로서의 정체성과 전략산업, 미래 발전의 주도권을 상실할 수 있다. 지금은 편입이 아니라 '특별지방자치단체' 를 통한 협력과 연대의 시대로 가야 할 때다. 교통 · 산업 · 생태가 연결된 '강소형 메가시티' 전략이야말로 김포와 수도권 서부 모두가 함께 성장하는 길이다.

분산된 도시를 연결해 새로운 미래를 만드는 일. 이제, 실천과 시정 전환의 시간이 시작됐다. 김포시는 '서울의 변방' 이 아니라 '서부권 메가시티의 중심축' 으로 자리 잡아야 한다. 그것이 진짜 김포가 가야 할 길이다.

_출처 : 김포신문 2025. 06.18.


# 대학병원 유치 추진,
# 김포에 부는 변화의 바람

_2025년 6월 27일


　건강보험심사평가원의 연구결과에 따라 김포가 고양 중심의 중진료권에서 분리되어 '김포 · 강화 중심의 별도 중진료권' 으로 재편되어야 한다는 결론이 나왔다. 그동안 규제에 막혀 지지부진했던 '인하대 김포메디컬센터' 조성사업이 본격적으로 추진될 수 있는 근거가 마련된 것이다.

　이것은 단순한 행정 구분이 아니다. 인구 50만 대도시로 성장한 김포시 발전의 판을 바꾸는 중대한 전환점이다. 김포가 더는 고양이나 부천에 '붙여넣기' 당하는 애매한 위치에 머물지 않아도 된다는 이야기다.

의료 인프라 확충은 단순히 병원을 유치하는 행위를 넘어 시민의 생명과 건강을 지키는 일이다. 이제부터가 중요하다. 중진료권 분리라는 연구결과를 검토에서 '실행' 단계로 진전시켜야 한다. 보건복지부의 행정 고시 확정, 종합병원 설립 관련 규제 완화, 예산·부지·허가 문제 등 많은 문제를 해결해 나가야 한다. 행정과 정치가 힘을 합쳐 후속 조치를 발 빠르게 해나가는 것이 중요하다.

김포시민들이 서울로 인천으로 멀리 가지 않고도 수준 높은 의료 서비스를 지역 내에서 누릴 수 있는 전환점을 이참에 실기하지 말고 확실하게 마련해야 한다. 사람과 산업, 의료와 교육이 함께 숨 쉬는 김포, 서부권의 핵심 거점도시로 우뚝 서는 김포가 되기 위해서는 반드시 그동안 지역의료를 담당해온 기존 의료기관들과 협력하는 보건의료 환경의 획기적인 개선이 필요하다. 시민들의 건강과 김포시의 미래를 위해 나는 언제 어디서든 함께할 것이다.

**[관련 기사]**

# 전통문화 계승,
# 역사와 문화의 도시 김포의 자부심

_2025년 6월 27일

늦은 오후, 김포아트빌리지 야외공연장에서 김포시민들과 함께 김포농악보존회 제6회 정기공연 '벼꽃 마을의 장단'을 관람했다. 솔솔 부는 여름 바람에 김포의 전통농악 소리는 멀리멀리 울려 퍼졌다.

힘차게 울리는 장단 속에 땀 흘려 일하던 들판의 기억, 함께 나누던 흥과 신명이 고스란히 전해진다. 공동체의 정신과 삶의 리듬이 깃든 공연은 심금을 울렸다.

'벼꽃 마을의 장단' 공연 모습

K-문화강국 시대를 맞아 지역 고유의 전통문화 계승은 미래를 여는 열쇠다. 전통의 힘은 곧 김포의 자부심이다. 김포농악이 더 많은 시민과 함께 호흡하며 세계로 뻗어 나가는 문화자산으로 성장하길 기대하며 힘찬 응원의 박수를 보냈다.


## 교통지옥 탈출, 이제 정치가 답해야 할 때

_2025년 7월 2일


서부권 국회의원들의 기자회견이 있었다. 서울 5호선 김포·검단 연장 문제를 다시 한번 촉구하는 자리였다. 김포·검단 시민들의 분노가 폭발하기 직전의 아주 절박한 숙원 사안이다. 나는 이제 공직자들이 대정부 촉구를 넘어서는 대담한 정치적 실천이 필요하다고 생각한다.

경기도 대중교통 시스템을 재정비하고 혁신하면서 경기교통공사 사장 직무대행을 수행했던 입장에서 절박함을 느낀다. 매일 김포골드라인에 갇혀 출근길 생존게임을 치르는 시민들을 보며 무거운 책임감을 느낀다. 나는 수도권 서부 교통문제가 단순한 지역 현안이 아니라 국가 차원의 구조적 실패라고 인식한다. 이 문제를 해결하려면 법과 제도, 거버넌스를 고쳐야 한다. 이에 나는 4대 제도개혁을 제안한다.

**첫째, 광역교통특별법 개정 또는 수도권 서부 초광역교통특구법 제정.**

**둘째, 국무총리실 산하 갈등조정위원회 설치.**

**셋째, 수도권 광역교통청 설치로 집행 · 설계 · 중재 권한 강화.**

**넷째, 국회 내 서부권 광역교통특별위원회 구성과 초당적 공동 입법 추진.**

세종-청주 광역철도 갈등이 수년간 표류하자 중앙정부 조정으로 국가계획에 강제로 편입시킨 선례도 있다. 수도권 서부의 교통문제는 '합의 부족'을 탓하기 전에 구조적으로 합의할 수 없는 제도 안에 10년이 넘도록 시민을 방치한 결과임을 알아야 한다. 이제는 정치가 책임지고 중앙정부와 함께 법을 고치고 제도를 바꾸고 실행하는 체계를 만들어야 한다. 지금 필요한 건 시민의 열망에 응답하는 정치의 결단이다.

**[관련 기사]**

# 균형성장의 길,
# 김포에서 대한민국 전체로

_ 2025년 7월 10일

대통령 직속 국정기획위원회 국가균형성장특별위원회 자문위원으로 위촉되었다. 박수현 위원장으로부터 위촉장을 받는 순간 무거운 책임감이 어깨를 눌러왔다.

국가균형성장특별위원회는 이재명 정부의 지역균형성장 비전을 실행하는 핵심 국정기획조정 기구다. 5극 3특 메가시티 전략을 바탕으로 초광역 협력체계를 구축하고 수도권-비수도권 간 격차를 해소하는 일을 담당한다. 지역과 현장의 목소리에 귀 기울이며 이재명 대통령의 지역공약을 통합 조정하고 균형성장전략과 이행 로드맵을 만드는 일에 최선을 다할 작정이다.

나는 서울과 경기도·인천을 연계한 수도권 균형성장을 위한 메가리전 전략 수립, 광역교통망 연계 구상, 경기·인천 지역공약 점검 및 조정 분야에서 활동하게 된다. 특히 김포·구리의 서울 편입 논란, 경기 북부 특별자치도 설치 등 수도권 내부 현안에 대해 정책 대안을 제시할 예정이다.

김포에서 배운 것이 있다. 수도권 불균형 해소는 서울 편입이 아니라 초광역 생활권 조정을 통한 상생형 균형성장 모델로 풀어야한다는 것이다. 사는 지역과 상관없이 전국 어디서나 땀 흘려 일하는 국민 누구나 잘사는 나라를 만들기 위해서 열심히 뛸 것이다.

박수현 위원장(왼쪽)과 함께(오른쪽이 필자)

[관련 기사]

# 봉사하고 실행하고 어울리다

## 대한적십자봉사회 김포시지부, 포용과 나눔의 도시 김포의 자랑

_ 2025년 7월 19일

대한적십자봉사회 김포시지부(이하 '김포적십자')의 사랑나눔 일일 찻집을 찾았다. 김포의 그늘지고 낮은 데에 처한 이웃을 위해 꾸준히 활동하는 봉사회의 모습을 보며 시민이 김포의 주인이라는 생각을 되새겼다.

김포적십자의 활동은 전국에서도 최고로 인정받고 있다. 그 봉사 정신과 나눔 정신이 김포를 넘어 전국으로 퍼지고 있다. 현장에서 만난 봉사회원들의 헌신적인 모습에 감동했다. 누군가의 어려움을 내 일처럼 여기는 마음, 그것이 바로 공동체의 힘이요 김포의 힘일 것이다.

기후위기로 재난재해가 급증하는 시대다. 민방위 · 경찰 · 소방서와 함께 재난극복과 위기극복에 앞장서온 김포적십자의 역할이 더욱 중요해지고 있다. 김포시정은 민간봉사단체를 외곽의 관변단체로 보기보다는 재난재해 예방 등 지역의 문제해결을 위한 민관협력 파트너로 보는 인식의 대전환을 해야 한다. 기업과 시민 여러분의 많은 관심과 후원이 이어지길 기대한다. 재난과 위기 앞에서 서로를 지켜주는 김포, 나눔의 정신이 살아 숨 쉬는 김포를 함께 만들어 갈 것이다

김포적십자 회원들과 함께(가운데가 필자)

# 예타제도 개혁,
# 김포 르네상스 시작



이재명 정부가 예비타당성 기준에 지역균형발전 항목을 추가하는 것을 검토 추진하겠다고 민주당 의원총회에 보고했다. 25년 만의 대수술을 예고하는 조치다.

이 예타제도 혁신안은 내가 참여했던 국정기획위원회 특별분과인 국가균형성장특별위원회에서 집중적으로 논의하여 국정기획위원회에 보고된 사안이다. 그동안 예타제도의 평가항목은 경제성·정책성·기술성 및 사업추진 가능성 등 3가지였다. 여기에 지역균형발전 항목 추가를 검토하고 있는 것이다.

예타제도 혁신은 많은 지자체가 기다려온 소식이다. 수도권으로 분류되면서도 오히려 역차별을 받아온 김포·검단·강화·파주·연천 등 경기 서북부 접경지역도 지역균형발전 영역에 포함해야 한다.

김포의 산적한 현안이 지역균형발전 항목 신설로 해결의 실마리가 풀리길 바라며 5극 3특 등 초광역 단위 지역균형성장과 국가 성장동력 확충으로 전국이 고루 잘 사는 지방 르네상스 시대를 열어가는 계기가 되었으면 좋겠다.

　김포에서 배운 것을 대한민국 전체의 균형발전으로 이어가는 일
에 최선을 다할 생각이다.

## 국가균형성장,
## 김포의 목소리를 전하다

_ 2025년 8월 6일

　국정기획위원회 국가균형성장특위(이하 '특위') 전체회의에 다녀왔
다. 30여 전문가들이 한자리에 모여 한 달 넘게 머리를 맞댄 끝에
수도권과 지방간의 양극화와 지방소멸에 대응하는 국가균형성장
비전을 최종 점검했다. 무거운 책임감과 함께 김포의 미래를 위한
중요한 자리라는 생각에 가슴이 뛰었다.

　나는 이 자리에서 특별히 수도권 균형발전을 이야기했다. 김포·
고양·파주·의정부 등 경기 서북부와 접경지역이 겪는 역차별 문
제, 수도권 분산 방안, 지방연대기금 조성 등 그동안 수도권 서북부
지역과 김포 현장에서 만난 시민들의 목소리를 전했다. 김포와 인
천 서구, 파주와 고양이 수도권 서북부의 중심도시로 함께 성장하
고 남북평화 시대를 준비하는 한강하구와 서해항로를 여는 시작점

이 되어야 한다고 강조했다.

다른 분과보다 2주 늦게 출발한 특위는 메가시티 추진, 지역 성장 동력 확충, 예타제도 개선 등에서 큰 성과를 낸 것으로 평가되었다. 다음 주에 대통령 종합보고가 끝나면 특위는 국가미래전략위원회로 전환될 것이다.

전국이 골고루 잘사는 나라를 만드는 일, 특히 지방과 함께 수도권 서부 중심에 김포반도가 자리 잡아야 한다는 다짐을 다시 한번 새긴다. 그동안 국가균형성장특위에서 쌓아온 논의들과 네트워크가 김포시민의 삶에 실질적인 변화로 이어지도록 끝까지 함께할 것이다.

국가균형성장특위 회의에서 발언하는 필자

# 강원도 원주에서
# 김포의 내일을 보다

_ 2025년 8월 9일

강원도 원주를 다녀왔다. 국정기획위원회 위원들과 함께 지역균형발전의 선도 도시를 직접 눈으로 확인하는 자리였다. KBS 원주방송을 비롯한 여러 언론사가 취재를 나올 정도로 지방균형발전에 관심이 뜨거웠다.

원주는 지난 20년간 인구가 꾸준히 증가한 혁신 선도 도시다. 2015년부터 15개의 공공기관이 내려와 정착하면서 삶의 질이 눈에 띄게 개선되었다. 지방행정연구원과 건강보험공단을 방문하여 현장의 목소리를 들었다. 상전벽해의 변화를 이룬 원주. 어떤 면에서는 한계도 보였지만, 변화의 성과가 그런 한계를 지우고도 남아 보였다.

국가균형성장특위 원주 워크숍 회의에서 발언하는 필자

공공기관이 경기환경에너지진흥원 하나뿐인 김포를 떠올렸다. 수도권 서부의 중심도시로 가려면 원주를 벤치마킹하되 김포만의 색깔을 입힌 평화경제특별도시를 추구해야겠다는 생각이 들었다. 밤늦게 김포로 돌아오는 길에 김포의 미래를 그려봤다.


## 김포 고촌의 물난리,
## 시민의 아픔을 더불어 나누다
_ 2025년 8월 13일


새벽부터 쏟아진 집중호우로 김포가 물에 잠겼다. 고촌읍 신곡사거리와 단독주택가 일대, 양촌읍 유현리, 대곶면 송마리까지 4개 읍면이 침수되고 주차된 승용차들이 물에 잠기는 등 피해가 속출했다.

침수 현장에서 시민들과 함께한 필자

운양동에서 고촌읍 신곡리를 가는 데 40분이나 돌아서 가야 했다. 도착해보니 침수당한 식당 근처에서 주민들이 엉엉 울고 계셨다. 1990년 대홍수 이래 35년 만의 일이라고 했다.

돌아오는데 물난리를 당한 주민들의 얼굴이 자꾸 떠올랐다. 민관정이 합심하여 시급히 침수 사태를 수습하고 마을이 빠르게 안정을 되찾기를 간절히 바랐다. 시민의 고통이 반복되지 않도록 침수가 예상되는 위험지역이나 상습침수 구역을 세심하게 살펴야겠다.

## 국정기획위원회 해단, 김포를 위한 새로운 시작

_ 2025년 8월 14일

두 달간의 국정기획위원회 활동이 오늘 막을 내렸다. 정부서울청사 창성동 별관에 300여 위원들이 모여 가진 해단식에서 서로 그간의 노고를 격려했다.

나는 국가균형성장특별위원회 자문위원으로 5극 3특 메가시티와 지역균형발전, 수도권 균형발전, 남북평화와 접경지역 문제, 도시교통 문제를 다뤘다. 김포의 목소리를 전하고 수도권 서부의 미래를 함께 고민한 시간이었다.

국정기획위는 오늘 활동을 종료했지만, 김포를 위한 일은 이제 시작이다. 이재명 정부가 성공할 수 있도록, 그리고 그 성공이 김포시민의 삶으로 이어지도록 앞으로 5년간 계속하여 정책 소통과 협력을 이어갈 것이다. 김포의 내일을 위해 끝까지 함께할 것이다.

국정기획위원회 해단식에서 동료 위원들과 함께

## 광복 80년,
## 국민이 주인 되는 날

_2025년 8월 15일

저녁 8시 광화문 광장에서 나는, 80주년 광복절에 5,200만 국민이 이재명 대통령을 임명하는 역사적인 순간을 함께했다.

광화문 광장을 가득 메운 시민들의 얼굴에서 희망을 보았다. 경제 부흥, 민생회복, 민주주의, 지역균형발전, AI 경제 강국으로의 대도약. 이 모든 꿈의 실현이 오늘 이 자리에서 새 출발을 알렸다.

국민이 주인인 나라, 함께 행복한 대한민국의 시대가 활짝 열리기를 기원한다. 김포시민들과 이 순간을 함께하며 그 역사적 사명을 이뤄갈 것이다.

광복 80주년, 대통령 국민 임명식에 함께한 필자

# AX 행정혁신,
# 김포가 먼저 실행해야

_ 2025년 8월 20일

오늘 행정안전부 윤호중 장관 주재로 세종시 정부청사 중앙동에서 열린 공공 AX 추진 정책 자문회의에 다녀왔다. 나는 국정기획위원회 국가균형성장특위 자문위원 자격(현재 행정안전부 정책자문위원회 공공AX분과 정책자문위원으로 활동 중)으로 참석했다.

그 밖에도 행안부 실국장들, 구현모 전 KT 대표, 김종걸 한양대 국제경제학과 교수, 송세경 한국 생성형 AI파운데이션 협회장, 최홍묵 지방자치데이터연구소장이 참석했다.

회의에 앞서 윤호중 장관과 환담하는 각계 전문가들(가운데가 필자)

행정안전부 공무원들과 토론하면서 새로운 수장을 맞이한 공무원들의 기대와 열의가 넘치는 분위기도 깊게 느낄 수 있었다. 전국 226개 지자체를 총괄하는 행정안전부가 국민이 체감할 수 있는 공공서비스와 지역균형발전을 뒷받침하는 공적 기관으로 우뚝 서기를 바라마지 않는다.

## 세월을 거슬러 올라간, 김포한강 구래동 마을 효도잔치
_ 2025년 8월 24일

오늘은 고향인 김포한강 구래동 마을에서 옛 구지마을 어르신들을 모시고 즐거운 효도잔치 시간을 보냈다.

20년 전까지만 같은 마을에 살던 분들인데 지금은 김포, 인천, 서울 등으로 뿔뿔이 흩어져서 만나기 어려운 처지다. 다행히 지난 2010년경에 생긴 구지향우회 회원들이 어르신들을 모시고 간헐적으로 효도잔치를 열었으나 최근에는 이마저도 쉽지 않게 되었다.

해마다 한두 분씩 어르신들이 떠나고 있어서 이제 남은 분들이 서른 분도 채 안 되고, 그나마도 대개는 병고로 힘겹게 살아가는 실정이다. 최근 들어 이렇게 일 년에 한 번이라도 만나서 추억을 나누고 마음을 주고받으니 어르신들이 너무나 좋아하신다. 그 순간만큼은 표정도 한결 밝아지신 것 같다.

효도잔치에서 어르신들과 함께한 필자

비록 준비과정은 쉽지 않았지만, 즐거워하시는 어르신들을 보니 정말 보람 있고 즐거운 하루였다. 나라가 어렵고 민생이 힘든 시대일수록 부모 형제와 이웃분들과 상부상조하고 따듯한 마음들을 모아갔으면 한다. 모두 모두 건강하고 행복하게 지내시다가 내년에 또 뵙기를 바란다.

# 한성준 춤 축제,
# 김포에서 피어난 전통예술의 울림

_ 2025년 8월 24일

김포아트홀에서 대한무용협회 김포시지부(회장 김지은) 주최로 열린 '2025 한성준 춤 축제'는 조선 고전무용의 대부 한성준 선생의 예술혼을 기리는 뜻깊은 자리다.

20년 전 한국예술종합학교 성기숙 교수가 대학로에서 만나 소개한 '전설의 춤꾼 최승희의 승무'가 오버랩되었다.

이주영 한양대 무용학과 교수의 사회로 진행된 이 날 무대에는 바라승무, 강선영류 태평무, 호남산조춤, 현학무, 해주수건춤, 승무, 큰태평무 등 7가지 명무(名舞)가 차례로 올랐다. 각 춤은 깊은 혼과 신비를 담아냈고, 무용수들은 해당 분야의 최고 예인답게 관객들의 뜨거운 환호와 감동을 끌어냈다.

무엇보다 이번 공연은 연출을 맡은 김지은 회장이 강물처럼 굽이치는 무대 흐름을 엮어낸 탁월한 연출력 덕분에 더욱 빛났다.

예로부터 우리 민족은 가무를 즐겼다. 해방 후 김구 선생은 "문화가 강한 아름다운 나라"를 꿈꾸었고, 김대중 정부에서 문화의 르네상스 시대가 활짝 열렸다. 이재명 정부 들어 다시 한번 K-한류의 문화 열풍이 불고 있다. 정부는 300조 원 규모의 문화콘텐츠 산업 수

출과 함께 기초문화예술 육성, 전통예술 진흥을 약속하고 있다.

이러한 흐름 속에서 김포 또한 국악·농악·무용 등 전통 가무를 중심으로 음악, 연극, 미술, 문학 등 문화예술 운동이 활발히 전개되고 있다. 내부 갈등과 혼란이 있더라도, 이번 공연은 김포가 문화예술 르네상스 도시로 도약할 수 있음을 보여준 상징적인 순간이었다.

앞으로 김포는 시립예술단 창립과 국제예술고등학교 유치를 통해 음악·무용·국악·미술·공연 등 AI 영상예술이 어우러지는 문화예술의 도시로 성장해야 한다. 김포에서 울린 한성준 춤의 울림은 하나의 공연을 넘어 문화강국 비전과 함께 나아가는 김포의 새로운 시작을 알렸다.

전통예술 공연 무대

# 민생 회복,
## 사회연대경제기본법부터

_ 2025년 8월 28일

　오전 10시 30분, 국회 의원회관 대회의실에서 '사회연대경제 입법 한마당 및 더불어민주당 입법추진단 발족식'이 열렸다. 김포를 비롯한 경기 지역 사회적기업가, 협동조합운동가들이 함께했다. 우원식 국회의장을 비롯한 다수의 국회의원, 관련 모임의 관계자들도 함께했다.

입법추진단 발족식에 참석한 필자(왼쪽)

나는 2014년 신계륜 위원장과 함께 사회연대경제기본법 초안을 마련하며 사회적 경제 정책 개발에 오랜 기간 참여한 경험이 있다. 그때 품었던 열정이 번번이 무산되면서 남은 아쉬움이 지금 나를 이 자리에 더 뜨겁게 서게 했다. 이번에는 반드시 끝을 봐야 한다. 기본사회 실현의 주춧돌이자 지역공동체 발전의 핵심 동력인 사회연대경제기본법, 더는 미룰 수 없다. 사회연대경제는 국민의 삶을 지키는 민생의 버팀목이다. 자치분권과 균형발전을 실현하는 지역공동체 활성화의 콘텐츠다.

그런데도 10년 동안 번번이 좌절된 법안, 이제는 반드시 매듭을 지어야 한다. 사회연대경제기본법 제정은 국민기본권 실현, 사회서비스 확충, 민주적 시장경제의 토대가 될 것이다.

나는 처음부터 이 길에 함께해온 사람으로서, 끝까지 책임지고 뛸 작정이다. 전국의 협동조합, 사회적기업, 마을공동체, 소셜벤처, 사회연대경제인들과 함께 반드시 결실을 볼 것이다. 사회연대경제기본법 제정, 준비는 10년이면 족하다. 이제는 실현할 때.

# 자원순환,
## 순환사회경제 생태계 조성의 첫걸음

_ 2025년 8월 28일

김포한강 건너 일산의 킨텍스 회의장에서 열린 자원순환 정책간담회에 패널로 참석하여 현안 쟁점에 대해 토의했다. 이번 간담회는 김포갑에 지역구를 둔 국회 환경노동위원회 김주영 의원실과 순환경제(CE)계의 리더 한국고물상협회 최정원 회장이 공동주최하고 한국자원순환연합회(회장 장준영)가 주관했다.

나는 환경부와 관계 당국에 국회와 협력해서 순환경제사회 트렌드와 비전에 맞게 정책을 대전환하고 기본법과 개별법·특별법의 정비 등 법제도 정비방안을 시급히 추진해나갈 것을 주문했다.

오늘 발제자와 토론자들이 공통으로 누적된 현장 문제 해소를 위해 제시한 요구사항은 명확하다.

**첫째, 재활용업을 폐기물처리업에서 분리하여 순환경제산업으로 독립 관리해야 한다.**

**둘째, 재활용품수집소의 입지규제를 개선해 도심 속 클린·선진 시설로 전환해야 한다.**

**셋째, 고물상 약 5만 개, 종사자 150만 명 중 40%가 생계형이므로 이분들의 민생경제 지원을 위한 세제·인증·지원제도가 필요하다.**

국정기획위원회는 '순환경제 생태계 조성' 을 국정과제 43번으로 설정하고 국가적 과제로 추진해나갈 것을 선언했다. 대선 당시 정책협약서를 다시 살펴본다. 오늘 논의되는 규제개선 과제는 이 국정과제 이행의 전제조건이며, 현장의 숨통을 트여주는 첫걸음이 될 것이다.

## 지방이 사는 길, 실용정치로 필요 예산 확보

_ 2025년 9월 4일

바야흐로 낡은 이념 대신 실용정치 전성시대다. 실사구시에 기반한 실용을 중시하는 지도자를 선출한 덕분이다. 따라서 지방정부가 중앙정부로부터 사업 예산을 확보하는 데는 상대방에 인정과 실용정치가 최고다.

이재명 대통령의 마음을 움직이는 김두겸 울산광역시장의 실용정치 모습이 참 멋져 보인다. 두 분의 대화와 협상의 실용정치를 지방자치 단체장들이 앞장서서 벤치마킹했으면 좋겠다. 진정으로 시민을 위해 정치할 마음이 있는 지자체장이라면 여야를 떠나서 김두겸 울산시장처럼 하면 지역에서 무슨 일이든 만들어낼 수 있을 것으로 믿는다.

경기도의 서울 접경 몇몇 도시 지자체장들처럼 떡 줄 사람은 생각
도 없는데 수년 내내 실속도 없는 '서울' 타령이나 하면서 아무 잘못
없는 경기도에 대한 배타적인 말만 쏟아내는 정치로는 아무것도 이
룰 수 없을뿐더러 게도 구럭도 다 놓치기 쉽다. 우리 김포가 골든타
임을 놓친 채 지역발전이 10년이나 뒤처진 것도 그런 사정과 무관
하지 않다.

지역발전과 민생위기 극복을 위한 리더십의 대전환이 시급하다.
서로 당이 다르더라도 지방정부는 이념을 떠나서 새롭게 들어선 이
재명 정부와 협력해서 예산도 확보하고 실리를 앞세운 민생정치로
시민의 행복증진과 지역발전을 이룰 필요가 있다.

나는 실사구시에 근거하여 이런 실용정신으로 김포시를 위해서
라면 어떠한 무엇도 할 준비가 되었다.


## AI 교육,
## 미래 먹거리를 준비하는 일

_ 2025년 9월 7일


토요일 주말이면 늘 분주하다. 어제 아침, AI 활용과 비즈니스에

관심을 둔 김포시민들과 AI 청년일꾼들을 모시고 노량진의 고려직업전문학교 교육현장에 다녀왔다.

고려학원(회장 문상주)은 직업전문학교를 개설하여 기술 입국의 토대를 받쳐온 전통 있는 학원으로, AI 교육도 선도하고 있다. 문상주 회장은 우리나라가 AI 시대에 뒤처지지 않으려면 김대중 대통령의 벤처 정신을 이어받아 전 국민 AI 교육과 신속한 AX 산업 전환을 이룰 것을 주문했다. 특히 이재명 정부가 AI 강국 만들기에 더 집중하고 정책과 예산을 혁신하여 다시 더 잘 사는 나라를 만들도록 해야 한다고 큰 기대를 비추기도 했다.

우리 김포시도 행정, 경제산업, 일상생활에 이르기까지 AI 물결이 넘치고 시민 모두가 AI 전사가 되어 과학기술에 능한 잘사는 도시로 발전했으면 한다.

고려직업전문학교를 찾아 AI 교육에 관해 환담하는 필자

# AI 기본사회,
# 더불어 행복한 사회로 가는 길

_ 2025년 9월 8일

　국회에서 열린 '이재명 정부 성공과 기본사회 실현 강연회'에 김포시민들과 함께 다녀왔다.

　이재명 정부의 국정 5개년 계획 계획과 기본사회, AI 기본사회 실현을 위한 대한민국 전략과 과제 등을 주제로 한 이한주 국정기획위원장의 강연이 이어졌다. 저녁인데도 청중으로 가득 찬 국회 도서관 대강당이 열기로 후끈 달아올랐다.

이한주 위원장(오른쪽에서 세 번째)과 함께

이재명 정부에서 AI 기반 경제혁신과 성장동력 확충이 얼마나 중요한지 그리고 국민이 행복한 기본사회 실현을 위해 AI 접목이 어떻게 빠르게 준비되어야 하는지 새삼 깨닫는 시간이었다.

이재명 정부의 성공과 지속적인 경제혁신과 성장동력이 뒷받침되어야 AI 강국도 이룰 수 있고 지역균형발전과 기본사회 실현도 앞당길 수 있을 것이다.

경기침체와 지역갈등으로 어려움에 빠진 김포시도 지역발전 패러다임을 전환하여 모든 시민이 AI 전사로 무장하는 AI 문화도시로 발돋움하고, 모두가 행복한 AI 기본사회를 향해 전진했으면 한다.


# AI로 문화도시 대전환, 김포가 가야 할 길

_ 2025년 9월 10일


나는 김포신문 기고문을 통해 AI 문화도시로의 대전환을 촉구하고, AI 문화도시 대전환을 김포시민과 함께 만들어갔으면 하는 바람을 전했다. 컴퓨터와 인터넷이 지배하던 사회에서 AI 시대로의 전환은 피할 수 없는 시대의 추세다.

50만이 넘는 대도시 김포도 다른 도시에 뒤처지지 않도록 인공지

능과 인간이 공존하는 AI 기본사회를 선도해나갔으면 한다. 산업화와 도시화는 늦었지만, AI 문화도시는 앞서갔으면 하는 바람이다.

# 시민사회,
# 풀뿌리 민주주의의 파수꾼

_2025년 9월 24일

김포 경제정의실천연합(경실련) 20주년 기념식 행사 및 지역발전 토론회에 참석해서 시민과 함께 지역을 위해 더 활발히 활동하길 응원했다.

경실련 20주년 기념식에 참석한 필자

시민사회 기반이 척박했던 김포에서 경제정의와 시정 감시활동을 전개해온 김포 경실련이 어느덧 창립 20주년을 맞았다. 경실련 공동대표 김형창 원장님 말씀처럼 사회 격차를 해소하고 지역균형 발전을 촉진하는 시민단체로 더 큰 역할을 하기를 바란다. 나 역시 시민사회운동가 출신으로 오래전부터 경실련 회원이고 김포지역에서 자치분권 균형발전과 시민사회 활성화를 위해 힘쓰고 있다.

많은 김포시민이 시민단체에 회원으로 가입하고 행정부 감시와 대안 제시로 더 좋은 사회를 견인하는 경실련이 되도록 힘과 지혜를 모았으면 한다. 다시 뛰는 김포를 위해 내년에는 김포에도 서울이나 광주처럼 NGO 지원센터가 만들어지길 바란다.


## 환경보호,
## 생명이 약동하는 김포

_2025년 10월 4일


김포의 생명 하천인 계양천 일대에서 벌인 환경정화 활동에 참여했다.

아침 9시, 걸포동 김포농협 앞에 집결한 우리(김포시 자연보호협의회, 한국자유총연맹 김포시지회, 대한적십자사 김포시지회 등 3개 단체에 속한 100여 봉

계양천은 계양산에서 발원하여 풍무동과 사우동을 거쳐 걸포천과 합류하여 한강으로 흘러들고, 가현산에서 발원해서 내려오는 봉성포천은 석모천과 합류하여 봉성포 배수관문을 통해 한강으로 흘러든다.

계양천도 현재 경기도에서 정비사업으로 추진하는 봉성포천과 함께 시민들이 공유할 수 있는 생명 친수공간으로 새롭게 정비되었으면 한다. 깨끗한 하천, 깨끗한 김포를 위해 함께 땀 흘린 모든 분에게 진심으로 감사드리며, 시민 한 분 한 분의 손길이 모여 더 깨끗하고 살기 좋은 김포를 만들어가기를 소망한다. 특별히 행사 때마다 AI 드론으로 영상촬영을 지원한 김기남 시의원의 앞서가는 모습은 김포의 미래를 밝히는 희망이다.

봉사단원들과 함께, 파이팅!

교통안전 문화가 정착되어가듯이 김포의 보배인 계양천을 보존하고 시민의 자연보호 의식을 높여서 김포 하면 깨끗한 이미지가 떠오르도록 우리 모두 힘썼으면 한다.


## 청년 정책, 8만 김포 청년의 미래가 달려

_ 2025년 10월 18일


더불어민주당 김포 갑과 을 청년위원회가 진행하는 2026년 지방선거 김포시장 출마자 인터뷰에 응했다.

오늘 인터뷰는 김포 청년활동가들을 만나는 자리라 정서적 유대를 높이기 위해 양복 대신에 청바지와 흰 티에 자켓을 입고 나갔다.

김포 청년들과의 공감과 연대의 마음은 이렇게 작은 배려에서부터 시작된다고 생각했다.

운양동에서 열린 오늘 인터뷰는 후보자 본인 소개에 이어 청년 정책에 대한 8가지 질문에 대해 답하는 순서로 진행되었다. 평소에 내가 생각한 바를 바탕으로 전문가와 현장의 자문을 얹어 진지하게 답변했다.

이제 청년은 단순히 배려대상이 아니라 국가의 미래 전략자원으로 고려되고 대한민국의 지속 가능한 성장동력으로 자리매김해야 한다고 강조했다.

그러므로 이제 사회 첫발을 내딛는 청년을 위한 지원체계를 갖춰야 한다. 특히 청년이 긴급히 필요로 하는 주거, 일자리, 교육 등에 관한 일을 당사자에게만 맡겨놓을 게 아니라 국가와 지방자치단체가 나서서 책임지고 돕는 것이 시대의 중요한 책무가 되었다. 청년이 살고 싶은 도시는 일자리·문화·성장의 기회가 공존하는 곳이다.

청년들이 수없이 들어왔다가 떠나는 김포, 이제는 관 주도 청년 정책의 대전환을 통해 김포 청년 ON과 김포 청년 정책 통합 엔터테인먼트 프로젝트로 머무는 도시, 살고 싶은 청년 친화적 도시로 탈바꿈했으면 한다.

김포 청년들의 인터뷰에 응하는 필자

오늘 인터뷰는 개별적으로 1시간 이내로 7명의 김포시장 출마자들이 참여했다. 영상 촬영된 출마자들의 인터뷰는 편집된 영상으로 50만 시민들이 공유하게 될 것이다.

8만여 명에 이르는 김포 청년들의 삶에 큰 영향을 미치는 이번 김포시장 선거에 큰 관심을 두고 청년 문제를 제대로 해결해나가는 데 적합한 후보가 누구인지 잘 살펴보았으면 한다.


## AI 방산, 김포 미래산업의 가능성

_ 2025년 10월 22일


김포에 소재한 방산 협력업체 우리별 기업이 한화 등 글로벌 방산 기업들과 함께 참석한 항공우주 · 방산 업체 전시회에 다녀왔다.

이틀 전인 20일, 이재명 대통령의 우주 방산 전시회 ADEX 개막식 참석과 안규백 국방부 장관의 글로벌 방산 기업 방문은 대한민국 우주항공 · 방위산업이 세계 5강으로 도약하는 길을 여는 순간이었다. 특히 이날 대통령은 글로벌 방산 업체들이 국내 중소벤처 협력업체들과 동반성장하는 상생 전략의 길을 걸어갈 것을 강력히 요청했다.

김포에서도 한화 1차 협력업체 ㈜우리별(대표 이정석)과 UAM 연구기관 KTL이 참여해 우주항공·미래모빌리티 산업의 가능성을 보여주었다.

나는 민주당에서 이재명 당대표 총괄특보단 활동을 함께했던 안규백 장관과의 인연을 이어 국방부 장관이 되면 접경지역인 김포의 우주항공 방위산업 발전에도 깊은 관심을 기울일 것을 요청한 바 있다.

김포는 이제 평화의 전초기지이자 미래산업과 안보가 공존하는 도시로 성장하고 있다.

안규백 국방부 장관이 방문한 전시회에 참석한 필자

# 지키고 배려하고 변화하다

## 어린이 안전,
## 김포의 미래를 지키는 일

_ 2025년 10월 23일

자라나는 아이들의 웃음이 나라의 전략자산이고 김포의 미래다. 오늘 김포시 종합운동장에서 열린 '김포시 영유아 안전체험 및 놀이한마당' 현장에 다녀왔다. 김포어린이집연합회(회장 이남주)가 주최한 이번 행사는 이재명 정부 출범 이후 지역에서 처음 열린 영유아 안전체험 프로그램으로, 사람 중심의 안전사회, 생명존중의 기본사회를 실현하는 출발점이 되었다.

횡단보도·도로교통·건설현장·화재대피 등 아이들이 몸으로 배우는 다양한 안전체험 부스가 마련되어 '안전'이라는 주제를 쉽고 즐겁게 배울 수 있었다.

안전은 단순한 재난 예방의 차원을 넘어 국가의 책임과 사회의 투자철학을 보여주는 지표다. 오늘의 행사는 '아이와 가족이 중심이 되는 사회'로의 전환을 상징하는 아주 뜻깊은 자리였다. 지금 우리 사회는 출산율 0.75%라는 냉혹한 현실에 직면해 있다.

평균 연령이 40세를 넘어선 젊은 도시 김포가 더 늙지 않으려면, 이제 5세 미만 영유아와 청소년 세대를 공동체의 미래 전략자산으로 인식하는 사회적 전환이 필요하다. 아이 키우는 일은 개인의 몫이 아니라 국가와 지역이 함께 책임지는 일이어야 한다. 그 중심에는 언제나 보육교사와 어린이집 원장님들의 헌신이 있다. 김포의 모든 아이가 안전하고 행복하게 자라려면 이분들에 대한 처우 개선과 보육환경 개선이 반드시 병행되어야 한다.

김포는 빠르게 성장해온 도시지만, 이제는 사람을 키우는 도시, 아이가 자라는 도시로 나아가야 한다.

어린이 안전은 김포의 미래를 지키는 일

이재명 정부와 민주당의 사람 중심 교육철학과 아이사랑 정신을 이어받아 지방정부가 앞장서 유보통합의 연착륙과 보육 혁신을 실현하고, 아이 키우기 좋은 포용 도시 김포로 만들어가면 좋겠다.

오늘의 웃음이 내일의 희망이 될 것이다. 아이의 웃음소리가 김포의 미래를 밝힐 것이다.

## 소상공인, 지역공동체를 지탱하는 기둥

_ 2025년 10월 30일

오늘 오후, 김포 시민광장에서 열린 2025 김포시 소상공인의 날 기념 우수상품 판매전에 다녀왔다. 나는 여기서 지역경제의 희망을 보았다.

50여 개의 소상공인 업체가 참여한 행사장은 지난해와는 달리 생기와 열기로 가득했고, 무엇보다 김포의 지역상권이 다시 힘을 내고 있다는 따뜻한 기운을 느낄 수 있었다.

본행사 참석은 아쉽게 놓쳤지만, 오후에 방문해서 김포시 소상공인연합회 서경숙 회장과 최장수 부회장 등 집행부와 여러 소상공인을 만나 뵙고 로컬푸드·수제공방·전통먹거리 등 다양한 부스를 꼼꼼히 둘러봤다.

미처 못 간 곳도 많은데 다음엔 그곳부터 방문해 볼 참이다. 올해는 지난해보다 참여 영역이 더 확장되고, 소상공인들의 상품 경쟁력 또한 높아진 모습이 인상적이었다. 어려운 경제 여건 속에서도 포기하지 않고 묵묵히 버텨온 소상공인의 힘을 다시금 느끼는 자리였다.

김포 소상공인 올 투게더!

나는 사실 지난 7년 동안 김포시 소상공인연합회 자문위원으로 활동해왔다. 2022년에는 중소벤처기업부의 소공상인김포센터 유치

(김주영 국회의원이 국회 기재위에서 마무리)를 통해 지역 소상공인 지원 인프라 구축에 힘써왔다. 김포의 소상공인 생태계를 더 튼튼하게 만들고, 골목상권이 살아 숨 쉬는 도시를 만들기 위해 상권 활성화, 지역경제 혁신, 공정한 경쟁환경 조성에 최선을 다해왔다. 그 밖에도 지역 화폐, 기본소득, 지역사회 연대경제 등 기본사회로 가는 정책 기반을 강화하여 소상공인이 지역경제의 중추로 우뚝 서는 김포를 만들겠다는 구상을 다듬어왔다.

이제는 민생이 중심이고 사람이 중심인 경제, 소상공인과 도시형 소공인이 당당하고 시민이 행복한 경제가 되어야 한다.

소상공인은 단순한 상공업 주체를 넘어 지역공동체와 경제를 지탱하는 기둥이다. 우리의 소비, 응원, 관심이 곧 지역 경제를 살린다.

"함께 사는 경제, 함께 살아나는 김포!"

김포가 먼저 변화하면, 대한민국이 바뀐다.

최근 이재명 정부의 실용외교 성과와 국제 경제 환경 변화가 소상공인과 서민 경제 회복의 마중물이 되길 기대한다. 이제는 중앙정부·지자체·정치권·시민사회가 함께 민생경제 회복의 불씨를 키워야 할 때다.

소상공인 얘기가 나온 김에 소상공인을 비롯한 민생경제의 활로를 뚫는 데는 지역 화폐 '김포페이'도 크게 기여할 수 있다는 논지로 2026년 1월 21일 김포신문에 기고한 글을 여기 소개한다.

# 김포페이 두 배로 확대해
# 소상공인 민생경제를 살리자

지역화폐는 이재명 정부 민생회복의 마중물이자, 김포경제 재도약의 열쇠다.

김포의 민생경제가 보내는 신호는 분명하다. 체감경기는 장기 침체 국면에 머물고, 골목상권의 회복 속도는 시민들의 기대에 미치지 못한다. 인구 50만을 넘긴 대도시가 되었지만, 김포는 여전히 서울·인천으로 소비가 빠져나가는 전형적인 역외 소비 도시다. 시민의 소득이 지역 안에서 돌지 못하는 구조가 계속되는 한, 소상공인의 어려움은 반복될 수밖에 없다.

이 구조를 바꾸는 가장 현실적이고 빠른 정책 수단이 바로 지역화폐 '김포페이' 다. 지역화폐는 단순한 할인 정책이 아니라, 지역경제의 혈관을 다시 잇는 시스템이다. 돈이 가장 어려운 곳에, 가장 빠르게 도달하도록 설계된 정책이기 때문이다.

김포페이는 2020~2022년 코로나 위기 국면에서 그 효과를 분명히 입증했다. 3,000억 원이 넘는 대규모 발행과 높은 사용률을 통해 지역 상권의 매출을 떠받쳤고, 김포를 전국적인 지역화폐 선도 도시로 자리매김하게 했다. 당시 시민과 소상공인이 체감한 효과는 단순한 숫자가 아니라 '버틸 수 있었다' 는 현장의 경험이었다.

그러나 2023년 이후 국비·도비 축소와 김포시의 소극적인 정책 대응 속에서 김포페이 발행 규모는 1,350억 원 규모로 크게 줄었다. 발행액이 줄자 체감 효과도 함께 감소했고, 상권의 회복력 역시 약화됐다. 문제는 김포페이가 실패했기 때문이 아니라, 정책이 축소됐기 때문이다.

그럼에도 불구하고 김포페이의 기반은 여전히 탄탄하다. 1만 5,000개가 넘는 가맹점, 수수료 0% 구조, 모바일 결제 인프라는 이미 구축돼 있다. 시민 인지도 또한 높다. 다시 키우기만 하면 즉각적인 효과를 낼 수 있는 조건은 이미 갖춰져 있다.

지역화폐는 '퍼주기' 가 아니라 민생 투자이고 지역경제 활성화의 마중물이다.

지역화폐를 둘러싼 가장 흔한 오해는 '재정 부담' 이라는 프레임이다. 그러나 지역화폐는 소비를 새로 만드는 정책이 아니라, 어차피 쓰일 돈의 방향을 바꾸는 정책이다. 서울과 온라인으로 빠져나가던 소비의 일부만 지역 안으로 되돌려도, 골목상권과 자영업자의 매출 구조는 달라진다. 이 점에서 지역화폐는 이재명 정부가 강조하는 민생회복·내수 활성화 기조와 정확히 맞닿아 있다. 중앙정부의 재정 정책이 지역화폐를 통해 집행될 때, 그 효과는 대기업보다 지역 소상공인과 생활경제로 먼저 전달된다. 지역화폐는 민생 정책의 '마중물' 역할을 한다.

김포페이 2.0, 이제는 전략적으로 확대해야 한다.

### 첫째, 발행 규모의 단계적 회복과 확대다.

최소한 연 2,000억 원 수준을 중기 목표로 설정해, 축소 이전의 정상 궤도로 되돌려야 한다. 이는 지출이 아니라, 역외소비를 지역 내로 전환하는 투자다.

### 둘째, 진짜 소상공인 중심 설계다.

대형 유통자본으로 혜택이 쏠리지 않도록 생활 밀착 업종과 골목상권에 인센티브가 우선 작동해야 한다. 동시에 부정 사용과 '깡' 문제를 철저히 차단해 제도의 신뢰를 높여야 한다.

### 셋째, 생활 · 복지 정책과의 연동이다.

청년기본소득, 농민기본소득, 출산 · 양육 지원, 교육 · 문화 바우처, 청소년교통비 지원 등을 김포페이로 일원화하면, 시민 복지지출이 곧바로 동네 매출로 이어진다. 예산이 외부로 새지 않고 지역 안에서 순환하는 구조를 만드는 것이다.

### 넷째, 공공배달 플랫폼과의 결합이다.

과도한 민간 배달 수수료 구조 속에서 소상공인은 이중고를 겪고 있다. 김포페이와 공공배달 플랫폼을 연계하면 수수료 부담을 낮추고, 지역화폐의 체감 효과를 배가할 수 있다.

경기도에는 지역화폐를 통해 민생경제 회복과 성장기반을 만들어온 도시들이 있다. 성남시, 광명시, 화성시, 수원시, 파주시 등은 지역화폐를 단기 처방이 아닌 상시적 민생경제 인프라로 활용해왔다. 공통점은 분명하다. 지역화폐를 '유지' 한 도시와 '축소' 한 도시의 민생 체감은 달랐다.

김포 역시 이 흐름에 합류할 수 있다. 이미 피크타임 경험도 있고, 인프라도 갖췄다. 김포페이를 전략적으로 확대한다면, 김포는 경기도는 물론 대한민국 민생경제 정책의 표준모델이 될 수 있다.

결단의 시간이다. 김포페이를 두 배로 확대하는 일은 특정 정치의 구호가 아니다. 소상공인이 웃고, 시민의 소비가 지역에 남는 도시로 가기 위한 가장 현실적인 선택이다. 지금 필요한 것은 망설임이 아니라 결단이다. 김포페이를 다시 키워, 김포경제를 다시 돌게 하자.


## AI 비전,
## 이회수의 빅이슈 특별 인터뷰

_ 2025년 11월 1일


"AI는 공장이다. … GPU 26만 장은 한국이 드디어 AI 전면전에 들어선 신호다!"

10월 30일, 경주 APEC 정상회의에서 이재명 대통령과 엔비디아 젠슨 황 CEO가 만나 GPU 26만 장 공급에 합의했다. 이는 대한민국이 AI 시대의 국가경쟁력 기반을 실물로 확보한 역사적 전환점이라는 평가다.

나는 이에 김포미래비전포럼 대표 자격으로 시민들의 이해를 돕기 위해 어젯밤 HBM(고대역폭메모리) 기술의 창시자이자 AI 반도체 최고 권위자인 김정호 카이스트 교수를 전화로 연결하여 그 의미를 짚었다. 특별 인터뷰를 한 것이다.



**[문]** 교수님, GPU 26만 장 확보의 의미를 어떻게 설명할 수 있을까요?

▶ AI는 엄청난 수학 연산입니다. 그 연산을 담당하는 두뇌가 바로 GPU입니다. CPU가 일반 컴퓨터 두뇌라면 GPU는 AI 두뇌라고 할 수 있습니다. 지금 세계는 AI 연산력 확보 전쟁 중입니다. 미국은 1,000만 장 이상을 목표로 합니다. 이번 26만 장 확보는 한국이 경기장에 들어설 자격을 얻은 것입니다. 이제 시작입니다.

**[문]** "AI는 공장에서 찍힌다. 데이터센터가 아니라 AI 팩토리"라고 하셨는데, 교수님께서 'AI 팩토리' 라는 표현을 쓰신 이유가 궁금합니다.

▶ 기존 데이터센터는 데이터를 저장하고 보내는 공간이었습니다. 하지만 생성형 AI는 지식을 생산합니다. 언어 · 영상 · 판단을 스스로 만들어내죠. 데이터센터가 정보 창고라면, AI 팩토리는 지능 생산 공장입니다. 수만 개 GPU가 한 몸처럼 연결되어 돌아가야 합니다. ChatGPT가 대표 사례입니다. AI는 더 이상 문서를 보여주는 기술이 아니라 '생각을 만들어내는 기술' 입니다.

**[문]** "HBM은 한국의 전략 카드, 엔비디아와 한국은 필수적 파트너" 라고 하셨는데, HBM이 왜 중요한가요?

▶ GPU가 두뇌라면 HBM은 기억 · 연료 시스템입니다. HBM이 없다면 GPU 성능을 못 씁니다. 삼성과 SK하이닉스가 이 분야에서 세계 최고입니다. GPU+HBM = AI 패권 공식이지요. 한국은 핵심 반도체 공급국이므로 전략적 지위를 갖습니다. 엔비디아도 한국이 필요합니다. 이것이 이번 협력을 끌어낸 구조입니다.

**[문]** "AI는 전력 · 냉각 · 인프라 전쟁으로, 도시가 경쟁한다" 고 하셨는데, AI 시대 인프라 조건은 무엇인가요?

▶ 첫째 전력, 둘째 냉각입니다. GPU 몇십만 장을 돌리려면 원전 1~2기 전력이 필요합니다. 그러므로 '미래 국가경쟁력=반도체+전력+냉각+데이터' 라고 할 수 있습니다. 해남이 국가 AI 컴퓨팅센터 설립 지역으

로 결정된 것도 이 때문입니다. 도시 간 경쟁이 이미 시작됐습니다.

[문] AI가 시민 삶을 바꾸는 영역은 어디부터일까요?

▶ 행정 · 교육 · 돌봄 · 의료입니다. 민원 · 행정 자동화, 다국어 상담, 재난 안전 신속대응, 고령층 돌봄 · 위험 감지, 의료 영상 AI 판독, 도시 정보 등등요. 제조혁신도 중요하지만, 국민이 체감하는 변화는 공공에서 먼저 옵니다.

[문] 교수님이 말씀했듯이 AI는 이제 국가 생존전략의 핵심 키워드입니다. 저는 여기에 지역균형발전과 공공 AX(행정혁신)를 결합해 보고자 합니다. 대한민국의 AI 전환은 서울 중심으로만 추진될 수 없습니다. 전국 도시가 함께 뛰고, 준비된 지역에 성장의 기회가 주어져야 합니다. 특히 김포를 포함한 수도권 서부는 공항 · 항만 · 첨단산업 벨트와 인접한 전략지대입니다. 김포공항 · 인천공항 접근, 인천항 · 물류단지 연결, 수도권 서부 제조 · 유통 클러스터, 한강 · 아라뱃길 기반 친환경 인프라 잠재력, 청년과 신산업 비중 높은 도시구조 같은 자원을 바탕으로 김포는 AI 행정 · 교통 · 안전 · 복지 혁신(공공 AX)을 추진하고 청년 · 스타트업 중심의 지역 AI 생태계를 조성해야 할 것입니다. 도시화와 산업화는 늦었지만, AI 스마트는 앞서가야 합니다. 언제나 준비한 도시에 미래가 주어질 것입니다. 교수님 의견은 어떻습니까?

▶ 지금 말씀하신 방향이 맞습니다. AI는 선언이 아니라 실행입니다. 국가와 지자체가 손을 맞잡아야 합니다.

[문] 동의합니다. AI는 국가 생존, 지역 생존, 시민의 미래입니다. 한국은 드디어 AI 전면전에 돌입했습니다. 이제는 국가-지역-산업이 함께 구축하고 압축 실행할 시간 아닌가요?

▶ 그렇습니다. 정책의 시간은 끝났습니다. 이제 실행의 시간입니다. 지금 실행하지 않으면 아무리 좋은 정책이라도 의미가 없습니다. AI는 한 번 뒤처지면 따라잡기가 거의 불가능합니다.

## 문화예술, 새로운 도시 공동체의 이정표

_2025년 11월 2일

김포의 대표적인 문화유산인 '통진두레놀이보존회 가마솥 밥 짓기' 대회에 참석하여 시민들과 함께 김포의 전통문화예술을 즐기는 시간을 가졌다.

청명한 가을날 한강하구 봉성리 들판에 정말 많은 분이 오셨다. 김포의 5대 보물 중 하나인 철새들도 이날 행사를 축하하듯 행사 시작과 함께 일제히 김포평야 위로 하늘 높이 날아올랐다.

이날 행사에는 김포의 역사와 전통문화예술을 사랑하고 널리 전파하고자 하는 많은 문화 관련 단체와 문화인들이 함께했다. 특별히 시민단체 간부들이 대거 나와서 행사 안내 및 자원봉사를 맡아 따듯한 커피와 차를 대접하는 등 빈틈없이 수고해주신 덕분에 어르신들은 물론이고 멀리서 오신 분들도 불편 없이 대동 놀이 순간을 즐겼다.

김포평야 가을걷이 풍년두레농악 큰잔치 놀이에서

50만이 넘는 도농산업복합 대도시 김포시가 김포의 전통이고 뿌리인 통진두레놀이 등 전통농악 예술의 협동 정신과 신명 나는 놀이 정신을 이어받아서 낡고 묵은 숙제들을 해결해내고 더불어 잘

사는 새로운 도시 공동체를 만들어갔으면 한다. 시민이 행복한 김포, 시민이 주인인 김포! 우리가 함께 갈 길이다.


## 생활체육,
## 걷고 싶은 도시 김포 만들기

_ 2025년 11월 15일


아침에 김포시 걷기동호회 17주년 기념 걷기대회에 참가해서 걷고 싶은 도시 김포를 함께 만들자고 인사드렸다.

걷기동호회 회원들과 함께, 건강한 김포를 위하여!

행복한 걷기, 아름다운 동행! 김포시걷기동호회 제17주년을 축하하고 응원했다. 시민들이 걷기를 통해 몸도 마음도 건강해지고 걷고 싶은 도시, 행복한 김포를 만들어갔으면 한다.

점심때에 걷기동호회 회원들과 다시 만나 장기동 라베니치 인근의 조이 공간에서 조촐하게 17주년을 기념했다.

걷고 싶은 도시, 탄소 제로 건강한 도시를 꼭 만들었으면 한다. 머지않아서 김포한강변의 철책선을 철거하고 평화누리길에서 국제걷기대회가 열리기를 꿈꾼다.

## 국가균형성장특위 부위원장, 찾아가는 문제해결 시민 심부름꾼

_ 2025년 11월 20일

나는 더불어민주당 국가균형성장특위 부위원장으로 합류해서 한강하구 수도권 서부의 균형성장전략을 챙기게 되었다. 국가균형성장과 지역균형발전은 이재명 정부 핵심과제로 양극화와 사회통합의 중요한 전략이다.

국정기획위원회 국가균형성장특위 자문위원 활동에 이어 당의 국가균형성장특위에도 합류해서 전국이 골고루 잘 사는 지방시대를 뒷받침하고 있다. 지방 메가시티는 물론 수도권 서부 균형성장 이슈도 국가균형발전의 중요 과제로 다루어지도록 서부권 지역 정치인들과 협력해서 잘 뒷받침할 작정이다.

김포에서 자치분권 균형발전 비전과 수도권 서부 균형발전 방안에 대한 세미나도 구상 중이다. 문제해결을 위한 시민들의 창의적인 좋은 의견 경청하면서 함께 찾아가고 있다.

**[관련 기사]**

## 김치나눔, 사람 사는 정이 넘치는 김포

_2025년 11월 29일

오늘은 아침 일찍부터 김포시평생학습센터 3별관에서 김포적십자봉사단 주관, 김포상공회의소 후원으로 열린 사랑의 김장김치 담그는 행사에 함께했다. 처음엔 느렸지만, 곧 적응하여 빠른 손놀림으로 김치를 담그는 나를 보고 너무 잘한다고 칭찬들 했다.

김포적십자 봉사회 이은해 회장을 비롯한 30여 봉사단원들과 2시간여 동안 함께 담근 김장김치가 김포시 14개 읍면동 불우이웃에 모두 전달되었다.

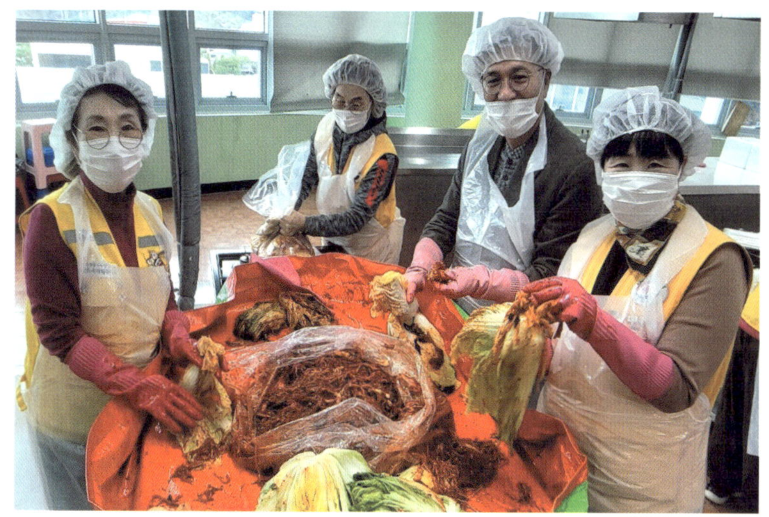

봉사단원들과 김치를 담그는 필자

이참에 김포 제일의 봉사단체인 김포적십자 봉사단원들이 긍지를 갖고 지역 봉사활동에 더욱 적극적으로 나서도록 민관이 격려하고 협력해주길 부탁드린다. 일본의 고베 대지진이나 태안반도 기름 유출 때도 비영리 단체가 나서지 않았으면 위기극복이 정말 어려웠을 것이다.

앞으로 기후변화와 경제위기로 커다란 재난재해가 예상되는 상황에서 정부와 지자체는 적십자봉사단 같은 조직을 미리미리 튼튼하게 지원했으면 한다.

# 돌봄 제도,
# 행복 사회를 가늠하는 잣대

_ 2025년 12월 5일

김포에서 발달장애인의 자립을 돕는 '더함꿈 주간생활서비스센터' 개소식에 참석하여 축사를 했다.

공감과 울림의 브랜드 '더함꿈'은 김포에서 발달장애인 부모님들이 직접 뜻을 모아 만든 사회적협동조합이 운영하는 주간생활서비스센터로, 당사자와 가족이 주체가 되어 만들어낸 아주 뜻깊은 돌봄 모델이다.

출범식에서 부모님들이 그간의 삶과 고통을 직접 말하는 순간, 다들 눈을 붉혔다. 그 시간은 우리 사회가 얼마나 오랫동안 이분들을 홀로 버텨오게 했는지를 되돌아보게 하는 순간이었다. 이런 소중한 협동조합 모델이 지역에 단단히 뿌리내리기 위해서는 당사자들과 시민들 간의 지속적인 연대와 후원은 물론 지자체의 협력과 정책적 연계가 무엇보다 중요하다.

특히 발달장애인 국가책임제가 지역과 현장에서 실제로 작동하기 위해서는 김포시의 장애인 정책 전환과 2026년 전면 시행 예정인 통합돌봄·사회서비스와의 연계가 꼭 필요하다.

부모님들의 눈물과 용기가 헛되지 않도록, 정책과 예산 행정이 제

역할을 하게 만드는 일에 나도 끝까지 함께할 것이다. 더함꿈(센터장 김지은)의 출발을 진심으로 축하하며, 많은 분의 후원과 동행이 이어 지기를 바란다.


## 행안부 정책자문위원회
## 공공AX 정책자문위원으로 참여
_ 2025년 12월 8일


나는 더불어민주당 국가균형성장특위 부위원장으로서 행정안전부가 지난 11월 24일 출범시킨 제8기 정책자문위원회(위원장 김종걸 한양대 교수)의 12월 8일 공공AX(AI Transformation)분과 정책자문위원으로 참석해 중앙·지방 간 AI 행정혁신 체계를 설계하는 논의에 함께했다.

이번 공공AX분과 출범은 중앙정부와 지자체가 함께 참여하는 전국 단위 AI 행정혁신 추진체계의 첫 가동이며, 향후 대한민국 정부 운영방식 전반을 재설계하는 핵심 정책 엔진으로 주목받고 있다.

나는 이 자리에서 "AI는 지역 격차를 해결하는 새로운 도구다. 중앙·지방 연결 설계자로 역할을 하겠다"는 포부를 밝히고, AI 행정혁신의 국가적 방향성과 지역적 적용 모델을 제시했다.

"각 지역이 처한 문제는 서로 다르지만, AI는 그 차이를 해결하는 새로운 도구다. 지역의 교통·복지·산업·환경·재난 문제를 AI 기반으로 재정비하고 지자체가 스스로 혁신역량을 갖추도록 돕는 것이 이번 위원회 활동의 중요한 목표가 될 것이다."

이어 내가 제시한 AI 전환시대에 반드시 준비해야 할 과제는 공공데이터 인프라 구축 및 표준화, AI 기반 도시문제 해결모델 적용, 지역 산업의 디지털·AI 전환(DX·AX) 가속화, 시민 대상 AI 리터러시 강화 등 4가지였다.

## 어린이 교통안전,
## 사람 중심의 도로 체계로 전환
_2025년 12월 11일

나는 김포시 초등학교연합산악회 송년회에서 김포 하성 친구를 만나 어린이 교통안전에 대한 질문을 받았다. 그 질문에 답한 내용을 살을 붙여 다시 정리해보았다.

"차량이 아닌 사람을 중심으로 우회전 교차로를 다시 설계해야 아이들이 삽니다."

내 답의 요지는 이것이다.

최근에도 안양에서 횡단보도를 건너던 초등학생이 우회전 학원 버스에 치여 숨지는 사고가 터졌다. 정부는 우회전 일시 정지 위반 단속을 강화해왔지만, 보행자 사망사고는 줄지 않고 있다. 문제는 운전자의 실수가 아니라, 한국 교차로 구조가 보행자를 위험 속으로 밀어 넣는 방식으로 설계되어 있다는 점이다. 한국의 횡단보도는 대부분 우회전 코너 바로 옆에 붙어 있다. 이 때문에 대형차 사각지대가 크게 발생하고, 운전자는 직진 차량을 먼저 보느라 보행자를 늦게 인지하게 된다. 특히 학원 통학 차량은 아이들을 보지 못한 채 회전하는 경우가 많다.

이번 사고 역시 이러한 구조적 과실의 전형이다. 이런 위험을 설계로 해결한 나라들도 있다. **네덜란드 · 덴마크 · 미국 등에서는 이미 '세트백(후퇴) 횡단보도'와 '보호 교차로'를 표준으로 적용하고 있다. 핵심은 단순하다. 횡단보도를 코너에서 5~7m 안쪽으로 옮기고, 코너 반경을 좁혀 우회전 차량이 반드시 감속 · 정지하도록 만드는 것이다.**

이렇게 바꾸면 사고가 구조적으로 줄어든다. 정지선에서 멈춘 운전자가 직선 시야에서 보행자를 명확히 확인할 수 있고, 우회전 속도가 자연스럽게 낮아지며, 코너 섬이나 피난 섬이 보행자를 물리적으로 보호한다. 보행자 선행신호(LPI)와 결합하면 보행자 가시성은 더욱 높아진다. 미국 여러 도시에서는 이 구조 도입 후 보행 · 자전거 사고가 30~70% 감소했다. 결론은 분명하다. 안전은 단속이 아니라 설계가 만든다. 이제 한국도 다음과 같은 변화가 필요하다.

1. 국토부 · 지자체 설계 기준에 세트백 횡단보도, 보호 교차로를 공식 반영할 것

2. 스쿨존, 학원가, 사고 다발 교차로부터 우선 개선사업 착수

3. 버스 · 학원차량 기사 대상 의무 교육 및 정기 재교육 제도화

4. 보행자 우선 원칙에 따라 적색 우회전 제한 표준화

아이들의 안전을 운전자의 양심에만 맡겨서는 안 된다. 교차로를 사람 중심으로 다시 설계하는 것, 그것이야말로 같은 비극을 막는 가장 확실한 대책이다.

**[관련 기사]**

## 차별 없는 도시 김포, 장애인과 함께 만드는 포용의 길

_2025년 12월 30일

김포시 장애인단체연합회를 방문해 이대성 회장님을 만나고, 2만

여 김포시 장애인의 인권 현실과 자활을 위한 정책 전환 과제를 현장에서 직접 경청했다.

장애인 복지회관 건립이라는 숙원사업부터 사회적기업·협동조합과 연계한 장애인 일자리 창출, 민간기업 사회 공헌을 활용한 지속 가능한 일자리 모델까지 복지를 넘어 자립으로 가는 길이 필요하다는 점을 다시 확인했다.

교통약자 이동권 보장, 교통안전·재난교육, 장애인 예산의 실질적 증액과 함께, 김포시의 수준을 객관적으로 보여줄 장애인 인권·복지 지수 도입도 더 미룰 수 없는 과제다.

정치와 행정은 장애인단체와 시혜적 관계가 아니라 협력적 파트너로 손을 맞잡아야 한다. 약자와 끝까지 동행하는 도시, 차별 없는 도시, 모두의 도시 김포를 시민과 함께 만들어갈 것이다.

나의 정치는 중앙당의 정무직에서 출발했지만,

경기도와의 폭넓은 네트워크 채널을 활용하여

대선과 지방선거 시기에도 중앙당과 이재명 캠프,

이재명 캠프와 시민사회를 연결하는 정무적 역할을 중시해왔다.

또 개혁을 위한 다수당 전략을 중시하는 중도진보적

연합정치를 추구해왔다. 내 정치의 시선은 늘 김포를 향하고 있다.

나는 지역의 문제를 직시하고 시민의 바람에 맞추어

김포 확장론과 수도권 도시 간 협력체제 구축을

기본 프레임으로 설정했다.

02

이회수의 길,
현장이 키운
문제 해결사

# 나를 낳고 키운 김포

## 항일의병의 후손,
## 우여곡절의 학창시절

나는 1962년에 김포시 양촌읍 구래리 구지마을(지금의 김포한강신도시 구래동) 농가에서 2남 3녀 중 넷째로 태어났다.

김포는 조선 시대 기호학파의 두레·향약과 선비정신이 깃든 고장이고, 근대에 들어 천주교 문화와 신협 정신이 깊게 뿌리내린 지역공동체의 전통이 면면한 고장이다.

우리 집안의 선조들은 대대로 나라가 위기에 처할 때마다 외세에 대항하여 나라를 위해 목숨을 바쳐왔는데, 근래에는 1907년 항일의병운동에 나선 것으로 알려졌다.

이 정미의병 때 김포에서만 연인원 1,800여 명이 참여하여 3년에 걸친 무장투쟁을 벌이다가 수십 명이 투옥되고 처형되었다. 이어 1919년 3.1만세운동 때에는 오라니장터, 군하리장터, 당산미 등에 수많은 사람이 모여 만세운동을 벌이다가 잡혀가 죽거나 해외로

애국의 도시임을 알려주는 김포시 독립운동기념관

피신해 망명했다.

우리 집안의 이런 내력은 김포가 지닌 지역 특성에도 영향을 받은 것으로 보인다. 김포는 물산이 풍부하여 거기 사는 사람들도 따뜻한 심성을 지녔지만, 위기가 닥칠 때면 강인한 의지를 발휘했다. 특히 국난이 닥칠 때마다 억압에 대응하여 협동과 연대의 정신으로 저항하고 위난을 넘어섰다.

나는 양곡초등학교를 졸업하고 양곡중학교를 다니는 도중에 인천으로 유학하여 중학교를 마쳤다. 그런데 고입 진로가 시작부터 꼬였다. 당시 상급학교 진로는 학생의 뜻보다 대개 담임선생님의

양곡초등학교 졸업식에서

의향에 따라 결정되었다.

나는 뜻하지 않게 적성에도 맞지 않은 공업고등학교에 진학하게 되었다. 결국은 한 학기도 채 다니지 못하고 자퇴했다. 김포 집으로 돌아온 내게 아버지는 침묵으로 실망감을 나타냈지만, 이윽고 인문계 고등학교에 진학한 나는 학업에 매진한 끝에 서강대학교 정치외교학과에 합격하여 아버지의 침묵 끝에 웃음을 달아드렸다.

대학 시절, 지적 호기심으로 충만한 나는 기회가 되면 정치 선진국으로 유학을 다녀와서 대학교수가 되고 싶었다. 하지만 그러기에는 당시 군사독재정권이 지배하는 정치 현실이 너무 암울했다. 태생적으로 정의감이 강했던 나는 민주화 투쟁의 최전선인 학생운동에 투신할 수밖에 없었다.

나는 그런 중에도 손에서 책을 놓지 않았다. 정치철학, 정치사상사, 국제관계, 법학 등 전공과목 학습도 게을리하지 않았다. 나는 그런 치열한 노력 덕분에 학생운동을 하면서도 성적 장학금을 세 번이나 받아 교수님들이나 친구들에게 놀라움을 안겼다.

이처럼 무엇을 하든 제대로 해야 직성이 풀리는 나는 운동권의 중심에서 활동했다. 처음에는 학내 활동으로 시작했지만, 이내 청계피복 및 구로공단 노동자들과 연대 투쟁에 나서는 등 활동 영역을 넓혔다. 그러다 보니 체포와 구금이 일상이던 시대에 두려움과 긴장 속에 살아가야 했다. 때로는 체포되어 유치장 신세를 지기도 하고, 때로는 감금되어 구타와 고문을 당하기도 했다.

그렇다고 두려움이 나를 멈춰 세우지는 못했다. 박정희-전두환으로 이어지는 독재정권에 항거하다가 스러져 간 선배들을 기억하면서 중단없이 나아갔다. 이렇듯 나의 대학 생활은 파란의 연속이었다. 학업은 경찰의 수배를 받아 제적당하는 바람에 중단했다가 5년 만에 복학하여 1991년에야 졸업했다.

졸업 후 시민사회운동을 하던 나는 현장 활동을 이론적으로 정리하고 심화하기 위해 1995년에 고려대학교 노동대학원(법학석사)에서 법학과 경제학을 공부했다.

## 애국심 넘치는 의인 아버지,
## 독실한 천주교 신자 어머니

아버지는 1931년에 태어났다. 스무 살 되던 1950년 5월에 할아버지가 돌아가시고, 큰아버지가 일제 징용에서 유골로 돌아오는 바람에 일찍이 집안의 가장 노릇을 해야 했다.

한국전쟁 때 미처 피난 가지 못하고 고향에 남은 아버지를 인민군이 의용군으로 차출하여 북으로 끌고 갔다. 아버지는 고향의 가족에게 돌아가야 한다는 일념으로 기회를 엿보다가 평양 근처 사리원 산길에서 목숨을 걸고 탈출했다.

죽을 고비를 여러 번 넘기고 간신히 고향으로 돌아온 아버지는 곧바로 국군에 입대하여 전쟁이 끝날 때까지 3년간 나라를 위해 싸웠다. 아버지는 참전 공로를 인정받아 국가유공자로 살다가 2019년 9월, 김포 추모공원 국가유공자 묘역에 안장되었다.

아버지는 생전에 늘 중용과 화합을 중시했다. 아버지는 충효를 평생 몸으로 실천한 선비요 의인이었다. 일제 식민통치와 한국전쟁이라는 수난의 한 세기를 살아낸 아버지의 굳건한 삶의 자세는, 어린 내게 큰 가르침이었고 생활의 기준이 되었으며 평생의 밑거름이었다.

김포한강신도시 구래동의 옛 모습인 구래리 구지마을 전경

어머니는 1933년에 황해도 개풍군에서 태어나 아홉 살 때 가족을 따라 김포면 마산리로 옮겨와 살았다. 마산리는 1924년에 천주교 행주 본당 소속의 공소(公所)가 들어선 곳으로 천주교 마을이라 해도 과언이 아니었다.

어려서부터 천주교 문화의 세례를 받은 어머니는 그 독실한 신심을 안고 구래동으로 시집와 평생 아버지의 충실한 반려자로 살았다. 근면 자조 정신에 투철한 어머니는 집안은 물론 마을의 대소사까지 손수 챙기는 가운데 화합의 미덕을 실천하면서 독실한 천주교 신자로서 늘 타인의 모범이 되고자 애썼다. 유교 전통을 지켜오던 아버지도 곧 어머니의 신앙에 감화되어 천주교를 받아들이고 일찍이 어머니와 함께 성당을 다니며 신앙생활을 했다.

이처럼 평생 나의 믿음이고 버팀목이던 어머니는 지난 2024년 2월, 향년 92세로 홀연히 떠났다.

1968년, 나는 여섯 살에 양곡 공소에서 도마(토마스)라는 세례명으로 유아세례를 받았다. 어머니는 늘 하느님을 따르고 정직하고 성실하게 살아야 한다고 가르쳤다. 이는 내가 평생 사회활동을 하면서 인간에 대한 예의와 믿음을 잃지 않으려 노력하는 지침이 되었다.

이 무렵, 양곡 지역에는 협동조합 정신이 깊이 뿌리내리고 있었다. 1968년에 양촌 지역의 여러 사목 구역과 공소가 모여 양곡신용협동조합을 설립했는데, 아버지는 작은아버지와 함께 신협의 창립과 발전에 힘썼다. 이런 환경이 자양분으로 내게 스며들었는지 나는 자연스럽게 사회적 연대에 기반한 협동조합 정신을 사회 전반에 구현하는 데 힘쓰게 되었다.

# 정치인으로 돌아온 김포

## 실천적 시민사회운동,
## 지식인으로서의 시대적 책무

나는 공부와 학생운동을 하면서 느껴온 생각과 내가 사람들에게 했던 말을 현장에서 실천에 옮기고 싶었다. 1986년 노동현장에 투신하여 1987년까지 주야 2교대로 근무하는 공장 활동을 한 것도 그런 의지의 발로다.

1986년부터 2004년까지 민주노조 운동과 산업 현장의 민주화를 위해 활동하면서 1997년 외환위기 당시 김영삼 정권의 해외 매각 우려에 시달리던 기아자동차 노사문제를 국민의 정부인 김대중 정부에 들어와서 노사정 대타협으로 정상화하는 데 일조한 것도 기억에 남는다.

외환위기 시기인 1998년부터 2004년까지 7년여 동안 민주노총 정책국장, 대외협력실장을 맡아 중앙단위 노사정 관계 업무와 국내

외 시민단체와의 연대사업을 총괄하면서 시민사회와의 협력과 연대를 기반으로 IMF 위기극복과 고용안정을 위한 경제민주화 운동 그리고 사회개혁 노동운동을 추진했다.

2004년 봄, 민주노총 집행부 교체를 계기로 20여 년 몸담아온 노동운동을 떠나 시민사회영역으로 활동무대를 옮겼다.

활동무대가 넓어지면서 나의 열정도 더 다양하고 넓은 시민사회운동 영역으로 퍼졌다. 투기자본감시센터 설립, 르몽드 디플로마티크 한국판 창간, 새로운사회를여는연구원 이사진 참여, 사회연대은행 상임이사 등 우리 사회에 꼭 필요한 공익적 비영리 사회활동을 하는 과정에서 **나는 불합리한 현실에 대한 투쟁과 더불어 대안도 필요하다고 생각하게 되었다.**

**그 대안의 하나가 사회적 경제다. 사회적 경제는 이윤보다 공동체를 먼저 생각하고 사회적 가치가 기업의 목적이 되므로 노동자와 시민이 주인이 되어 여러 사회적 난제를 해결하기에 적합하다고 판단했다.**

## 르몽드 디플로마티크 한국판 창간 참여

여러 사회운동 가운데 2005년 르몽드 디플로마티크 한국판 창간에 편집인으로 참여하여 2006년에 발행된 창간호에서 프랑스 본사

의 이냐시오 라모네 사장, 동국대 박순성 교수, 박승흡 발행인과 함
께 동교동 사저를 방문하여 김대중 전 대통령을 인터뷰한 일은 특
별하다.

프랑스 르몽드지의 자매지인 르몽드 디플로마티크는 새로운 사
회운동의 거점을 마련하기 위해 국제 문제를 다뤄온 월간 신문으
로, 전 세계 60여 개국에서 250만여 부가 발행되는 영향력이 큰 글
로벌 미디어 매체다. 한국판 지면의 60%는 원판을 번역해 싣고 나
머지는 한국 필자의 글을 받아 싣기로 했다.

한국판 창간에는 특히 영화인들이 크게 기여했다. 당시 내가 스크
린쿼터 지키기 영화인대책위원회(공동대표 안성기 배우, 정지영 영화감독)
대외협력위원장을 맡아 활동한 인연 때문이기도 했다.

일 년여의 준비 끝에 2006년 9월에 발간한 한국판 창간호에는 김
대중 전 대통령이 퇴임 이후의 오랜 침묵을 깨고 〈세계 평화와 한반
도 평화〉를 주제로 특별 인터뷰에 응했다. 이 인터뷰가 그날 TV 주
요 뉴스로 다뤄지면서 르몽드 디플로마티크 한국판은 창간호부터
중요한 매체로 세간의 주목을 받게 되었다.

## 한국판 그라민 은행 운동

우선 가난한 사람들을 위한 사회적 금융기관인 한국판 그라민 은

행의 필요성을 절감한 나는 2010년부터 (사)함께만드는세상 사회연대은행(이사장 김성주 성공회 대주교)의 상임이사로 참여했다. 나는 사회적 금융을 개발하고 저소득 취약계층의 자활과 창업을 지원하는 활동에 집중했다.

강화도 중중 장애인 공동체인 '우리마을'이 운영하는 콩나물 공장과 친환경 기업인 풀무원(대표이사 이효율)의 사회 공헌을 연결하여 장애인 일자리를 창출한 것은 특히 보람 있었다. 이 협력을 통해 풀무원은 매월 1억 원 이상의 콩나물을 구매하고, 장애인들은 안정적인 일자리를 유지할 수 있었다.

이런 경험을 바탕으로 2012년 1월 사회적기업경기재단을 설립한 나는 이를 거점으로 전국의 17개 사회적 경제 지원기관을 묶어서 2024년에 '사회적기업 통합지원기관 전국협의회'를 구성하고 운영위원장을 맡아서 전국적 차원에서 사회연대경제 프로모션에 나섰다.

## 민주당 사회적경제위원회 활동

2014년 7월에는 새정치민주연합(더불어민주당의 전신) 사회적경제위원회 총괄간사로서 신계륜 위원장을 뒷받침하여 사회적 경제 기본법을 준비했다. 2015년 4월 당시 새누리당 사회적경제특별위원회 위원장을 맡은 유승민 의원실과 협력하여 사회적경제기본법을 여야 합의로 통과시키고자 합의안을 마련했지만, 국회법 파동으로 유승민 의원이 새누리당 사회적경제특위 위원장에서 해임당하자 수포가 되었다. 이전에 이미 여야 합의로 사회적기업육성법(2006년)과 협동조합기본법(2012년)이 통과된 마당에 당연히 통과되었어야 할 사회적 경제 관련법이 좌파 법안으로 낙인찍혀 10년이 지나도록 국회에서 표류하는 상황이 되었다.


## 시민사회운동을 넘어
## 제도권 정치의 길로

나는 사회 진보를 향한 발걸음은 멈추지 않았다. 사회적 경제 전문가로 성장한 나는 그간의 성과와 비전을 현실 정치에 접목하고자 2016년 총선이 끝난 그해 5월 18일에 민주당에 입당했다. 민주당이 총선에서 승리하고 박근혜 대통령의 국정농단과 탄핵소추가 이어지던 2016년에 시민사회운동과 연계한 정치 활동을 통한 사회변화의 가능성을 보게 된 것이다.

## 사회적경제 활동가에서 정책전문가로 역량 발휘

2016년 9월, 더불어민주당 정책위원회 의장단(의장 윤호중)에 합류하는 나는 2017년 대선을 앞두고 당 정책위 상임부의장 겸 사회적경제위원회 상임부위원장으로 활동하면서 당의 사회적 경제 정책 공약 개발과 시민사회단체와의 협력을 강화하는 정책연대사업을 추진했다. 또 더불어민주당 특별위원회에 머물던 사회적경제위원회를 전국단위 위원회 조직으로 확대 재편하고 강화하는 역할도 맡아 했다.

2018년 전당대회에서는 사회적경제위원회를 전국위원회로 격상시키고 당 강령과 정책에 사회적 경제 의제를 반영시키는 등, 당의 민생경제 정체성 확보와 당의 체질 변화를 요구하는 당내 혁신 활동을 전개하였다.

## 선당후사의 자세로

나의 정치 활동이 평탄하지만은 않았지만, 2016년 입당 이후 중앙당 활동과 함께 4년간 김포에서 열심히 지역 기반을 다졌다. 그러다 보니 지역에서도 그동안 해왔던 나의 활동과 앞으로의 가능성을 인정받았다.

이를 바탕으로 2020년 김포을 지역에서 21대 총선 민주당 경선에 나선 결과 공관위 심사를 통과한 후보 중에서도 가장 유력하다는 평가를 받았다. 하지만 우여곡절 끝에 당내 경선에서 고배를 마셨다. 경선 과정에 불합리한 면이 있었지만, 나는 선당후사의 정신으로 경선 결과에 승복하고 민주당 선거 지원에 앞장섰다. 중앙당 선대본부 부본부장으로 임명된 나는 중앙당 차원의 선거지원과 함께 김포(갑) 등 전략 지역 후보에 대한 선거 지원 활동을 통해 민주당의 총선승리에 이바지했다.

## 도시교통 전문가로

나는 2020년 총선 이후 경기도 문제 전문가로 인정받아 경기교통공사 초대 상임이사에 임명되면서 설립부터 조직 안정화까지 어려운 임무가 주어졌다. 나는 나의 역량을 경제 분야에서 도시교통과 지역균형발전 분야로 확대할 기회로 받아들였다. 나는 경기교통공사 설립을 주도하는 한편 공사가 광역교통 운영을 담당하는 기업으로서 안정적으로 작동하도록 만드는 데 팔을 걷어붙였다.

설립 2년 차에는 사장 공석으로 1년 동안 사장직무대행을 맡게 되어 책임이 더욱 막중해졌다.

나는 조직운영의 원칙을 공정과 투명으로 삼고, 경기도와의 관계

를 갑과 을이 아닌 자율과 책임경영을 원칙으로 하는 협력적 거버
넌스로 재설정하여 공사의 책임경영을 강화했다. 이 과정에서 광역
교통망 구축과 대중교통 혁신에 주력했으며, 경기도가 추진하는 노
선입찰형 준공영제 공공버스 사업의 안정적인 성과 창출과 수요응
답형 교통체계(DRT) 구축 등 선진 각국의 대중교통정책을 벤치마킹
하여 경기도형 교통정책을 추진했다.

나는 이렇게 조직을 안정시키는 한편 중장기 발전 전망을 수립하
고, 도정협력의 리더십을 발휘하여 경기교통공사의 성장생태계를
구축했다. 또 수도권 광역교통 문제와 지역균형발전을 촉진하기 위
해 광역교통망 구축과 수요맞춤형 버스 등 지역 대중교통 확충에
경기교통공사가 매진할 수 있도록 최선을 다했다.

## 이제 김포의 일꾼으로

나는 천성이 일정한 틀에 갇히거나 작은 성과에 붙들려 머무는 사
람이 아니라 끊임없이 성장과 확장을 추구하는 사람이다.

나의 정치는 중앙당에서 정책전문가로 영입되어 출발했지만, 중
앙과 경기도와의 폭넓은 네트워크 채널을 활용하여 19대 대선은 물
론 20대, 21대 대선과 시기에도 중앙당과 이재명 캠프, 이재명 캠프
와 시민사회를 연결하는 정책 네트워크와 정무적 역할을 중시해왔

다. 또 개혁을 위한 다수당 전략을 중시하는 중도개혁적 연합정치를 추구해왔다.

내 정치의 시선은 늘 김포를 향하고 있다. 나는 지역의 문제를 직시하고 시민의 바람과 균형발전의 트렌드를 반영하여 김포의 자치분권에 기반한 수도권 서부지역 도시 간 협력체제 구축을 기본 프레임으로 설정했다.

나는 2020년 21대 총선 민주당 김포(을) 국회의원 예비후보로 나선 이후 당 혁신그룹인 '더민주 혁신의 길' 공동대표로 활동해오면서 당 집행부는 물론 더민주전국혁신회의 동지들과도 파트너십을 형성하여 당의 혁신과 정치개혁을 위해 동분서주해왔다. 최근에는 민주당 국가균형성장특위 부위원장과 더민주전국혁신회의 김포혁신회의 상임대표를 맡아 활동중이다.

나는 지난해 가을과 겨울에 김포의 지역 현장을 찾아다니며

또는 전화 인터뷰를 통해 회복과 성장을 위한

'김포시 대전환의 길' 을 물었다.

경청 인터뷰 40명은 주관식으로, 45명은 객관식으로 진행했다.

질문 주제는 두 가지로, 지역에서 가장 시급한 지역 현안은 무엇인가,

차기 지방자치 리더는 어떤 자질과 능력

그리고 리더십을 갖춰야 하는가였다.

경청 인터뷰에 응해주신 시민 여러분의 의견 중 중복되는 내용은 가려내고

분야별로 분류, 메모하여 현장의 목소리를 전한다.

# 03

함께 가는 길,
시민과 만드는
김포 대전환

# 막힌 길과 비어가는 원도심,
# 성장 동력을 잃어가는 김포

## 급성장 후에
## 오랜 정체된 이유

불균형한 성장통, 뒤처진 김포는 단기간에 인구가 폭발적으로 늘었지만, 일산·부천·인천 등 주변 도시와 비교하면 교통, 주거, 교육, 산업, 일자리 등 모든 면에서 여전히 불평등하고 열악하다. 아직도 도로포장이 제대로 안 된 지역이 있을 정도다. 광역철도의 부재는 가장 큰 약점으로, 인천 서구·검단과 경기 부천 등 주변 도시와 비교해 철도교통 인프라가 크게 뒤처져 있다.

서울과 김포를 잇는 서울 5호선 김포연장선과 GTX 같은 신속한 광역교통망 구축도 자꾸 지연되면서 지역발전의 발목이 잡혔다. 급성장에 따른 성장통이라고 하기엔 너무 많은 시간이 흘렀고, 역대 시장등 지역 정치인들이 인프라 개선과 지역발전에 충분한 책임을 다하지 못하고 있다는 비판과 함께 문제해결에 대한 요구가 거세지고 있다.

## 시민의 바람

무엇보다 지하철과 도로 등 기본적인 교통 인프라를 신속하게 구축해 주변 도시와의 격차를 해소해 주기 바란다. 김포는 청년 인구와 중소기업의 증가율이 전국 상위권인 만큼 청년 주거시설을 확충하고 열악한 지역 환경을 개선해 청년들이 김포를 떠나지 않고 정착할 수 있도록 지원해 주기 바란다.

## 끊긴 길과 텅 빈 도심

아들은 천안까지, 아내는 부평까지 출퇴근하는데 배차 시간 긴 버스 때문에 고생이 아주 심하다. 풍무동에서 계양역이나 서울로 나가는 버스는 늘 부족하고, 서울 5호선 김포 연장은 10년째 소식만 무성하다. 결국, 집값은 제자리 걸음이고 주민들은 인근 검단신도시로 떠나고 있다.

큰 병원이 두어 개 있긴 하지만, 대학병원의 부재는 늘 불안 요소다. 인하대 병원 유치 소식에 기대를 거는 이유도 이 때문이다. 또 김포는 서울의 광화문이나 종로처럼 상징적인 도심이 없다. 그냥

고만고만한 동네 10개를 붙여놓은 것 같다. 그러다 보니 도시 문화도, 소비 권역도 형성되지 못해 도시 성장이 정체되어 있다.

### 시민의 바람

풍무동에서 공항까지 연결되는 똑버스 같은 수요 맞춤형 교통을 더 많이 운영하고, 김포와 서울을 연결하는 5호선 연장을 반드시 실현해 주기 바란다. 김포만의 문화를 생산하고 소비할 수 있는 거점 도심을 육성해서 '시내 나간다' 는 개념이 생기도록 해주기 바란다.

## 50만 신도시의 정당한 권리

인구 50만 규모를 고려하면 5호선 역을 김포·검단지역에 충분히 배치해야 한다는 것이 주민들의 공통된 의견이다. 김포시장이 인천 측에 역 신설 개수를 제한하는 강경한 태도를 고수하면서 협상이 공전하고 있다. 이러한 불협화음 때문에 5호선 확정 발표가 늦어지고 있으며, 그 피해는 오롯이 시민들이 지고 있다.

일찍이 신도시 개발이 논의되었지만, 여전히 문화 시설은 태부족한 상태다. 홍보와 인프라가 뒷받침되지 않아 신도시가 잠만 자는 곳으로 전락하고 있다.

시민의 바람

인근 지자체와 제로섬 게임을 할 것이 아니라, 상생할 수 있는 노선안을 도출해 정부의 조속한 발표를 끌어내야 한다.


# 일상이 된 교통지옥
# 막혀 있는 혈관


## 숨 막히는 아침, 풀리지 않는 교통

김포골드라인은 차량이 2량뿐이라 출퇴근 수요를 감당하기엔 터무니없이 부족하다. 미래 교통 수요를 제대로 예측하지 않고 단기적으로 설계한 결과다. 교통 체증과 인프라 부족은 특히 노약자 등 교통약자에게 더 큰 불편을 주어, 경제·사회 활동 참여 자체를 어렵게 만들고 있다.

### 시민의 바람

단기적으로는 지능형 교통시스템을 활용하여 골드라인과 도로의 혼잡도를 낮추고, 장기적으로는 근본적인 교통 대책을 마련해 시민 모두가 편리하게 이동하고 경제·사회 활동에 참여할 수 있도록 해주기 바란다.

## 막힌 길, 단절된 삶

광역철도 사업이 서울-경기도 간 도시철도 구분 문제 등 행정적 장벽 때문에 추진이 중단된 상태다. 출퇴근 시 대중교통을 이용하는 데 2시간 이상 소요되는 사례가 많다. 특히 여성과 취약계층의 교통 접근성 문제는 삶의 질과 안전에 직결되는 문제다.

### 시민의 바람

경기도와 서울시 간 적극적인 협력과 정치적 의지로 광역철도 사업과 검단 오류역-양촌 학운 지역 연결 등 교통 활성화 계획을 재개해 주시기 바란다. 교통 소외 지역인 양촌읍 등 인프라가 특히 열악한 지역에 대한 맞춤형 지원과 개선도 시급하다.

## 예견된 시한폭탄, 3년의 골든타임

차량을 증차해 골드라인의 숨통은 틔웠지만, 근본 해결책은 못 된다. 3년 뒤 풍무역세권과 콤팩트시티 입주가 시작되면 한강로는 그야말로 주차장이 될 것이다. 교통망 완공까지는 7~10년이 걸리는데 인구 유입은 당장 내일의 일이다. '선 건설 후 교통체계'라는 거꾸로 행정 때문에 시민들은 매일 아침 전쟁을 치르고 있다. 한강신도시 순환 버스는 있지만, 정작 산업단지나 주요 거점 지역을 잇는 연계망은 여전히 부실하다.

### 시민의 바람

인구 유입 시점과 교통망 확충 시점을 맞추는 교통망 구축과 도시 건설의 동시병행 원칙을 고수해야 한다. 올림픽대로와 한강로의 병목 구간 확장 등 3년 내 해소 가능한 단기 처방을 병행해 주기 바란다.

## 교통의 패러다임 전환, 나가는 길보다 들어오는 길

언제까지 서울로 나가는 길만 뚫어달라고 외쳐야 할까? 광역철도는 긴 시간이 걸리는 장기 과제다. 지금 당장 필요한 건 김포 내부의 흐름을 트는 일이다. 서울에서 김포로 들어오는 흐름이 없으니 출퇴근 시간마다 한 방향으로만 병목 현상이 생기는 것이다.

### 시민의 바람

10분 내 환승, 대기 없는 버스 교통망 등 도시 내부의 실핏줄 같은 교통 체계를 먼저 완성해야 한다. 김포에 좋은 일자리와 산업을 유치하고, 관광 · 여가를 활성화하여 서울 사람들이 김포로 들어오게 만드는 역방향 교통 수요를 만들었으면 한다.

김포한강신도시가 들어선 이후 출근길 체증이 더 심해졌다. 족히 20년은 묵은 문제다. 주민들 고통이 점점 커지는데 해결될 낌새가 보이진 않아 답답하다. 신도시와 원도심의 교통 격차는 더 큰 문제다. 특히 월곶면 같은 농촌 지역은 교통 불편이 심각하다. 몇 시간에 한 대씩 마을버스가 다닌다면 그건 교통수단이라 하기 민망하다. 밤 9시만 넘으면 택시 잡기도 쉽지 않다. 주민들은 서러운 생각까지 든다고 한다.

## 시민의 바람

시가 책임지고 대중교통 공영제나 준공영제를 도입해주길 바란다. 수요맞춤형 이음버스나 마을버스 확충으로 교통 소외 지역의 숨통이 트였으면 한다.

## 출퇴근 30분이 1시간으로

고촌에서 여의도까지 예전엔 30분이면 갔는데, 지금은 1시간 이상 걸린다. 인구증가 속도를 교통 인프라가 전혀 따라가지 못하고 있다. 골드라인은 이미 지옥철이고, 광역버스는 대기 시간이 너무

길다. 특히 고촌은 버스전용차로 혜택마저 미미해 주민들의 피로도가 극에 달했다. 인근 지역 지자체 간의 조율이 부족하다는 걸 절감한다.

## 시민의 바람

단순한 버스 증차를 넘어, 실제 출퇴근 시간을 단축할 획기적인 배차 시스템과 지자체 간 협력을 통한 광역교통망 개선이 시급하다.

## 서울 가는 길은 고행길

서울역 한번 가기가 너무 힘들다. 김포공항 환승 통로의 복잡함과 출퇴근 시간대의 긴 대기 줄은 이제 시민들에게 일상적인 고통이 되었다. 인구 통제 수준의 과밀 현상은 안전까지 위협하고 있다. 서울시 환승센터와 김포시 간의 장애인 주차료 할인율이 달라 불평등을 겪는다. 경기도 내 지자체마다 다른 지원체계로 인해 노인과 장애인들은 상대적인 박탈감을 겪는다.

## 시민의 바람

단순한 연결을 넘어 환승 동선을 최적화하고 대기 시간을 획기적으로 줄일 수 있는 운영 묘안이 필요하다. 인접 도시 서울과 협의하여 교통약자 지원 혜택을 수도권 차원에서 표준화하는 행정력이 뒷받침되어야 한다.

## 아침마다 반복되는 신곡 지옥

아침 7시만 되면 신곡사거리는 주차장이 된다. 골드라인 버스 전용차선이 생겼지만, 효과는 미미하다. 개화협로와 경목로에서 쏟아지는 차량을 감당할 우회로나 도로 확장이 턱없이 부족하다. 고촌에서 올림픽대로 염창 IC까지 가는 데 1시간 10분이 넘게 걸린다. 행주대교와 유현로에서 합류하는 차량이 엉키면서 고촌은 거대한 병목 구간이 되어버렸다. 버스도 막히고, 지하철은 지옥철이라 탈 엄두가 안 난다. 환승 불편까지 더해져 대중교통은 대안이 되지 못하고 있다.

### 시민의 바람

개화역 구간의 정체를 풀 수 있는 신곡-화곡 드림로 연결과 김포공항 부천 방향의 도로 개설이 시급하다. 단순한 노선 조정이 아니라, 신곡사거리를 우회할 근본적인 도로 인프라 구축에 시정을 집중했으면 한다.

## 5호선은 왜 구래동까지 오지 않는 걸까

5호선 연장 논의가 장기동 위주로 흘러가면서, 정작 더 많은 인구가 밀집한 구래동과 마산동은 교통 소외감을 느끼고 있다. 구래동은 김포의 끝자락이라 더 서럽다. 대중교통 혼잡은 물론, 인근 강화나 통진으로 가는 길도 너무 멀고 험하다. 5년 넘게 해결되지 않는 교통 문제는 이제 주민들의 체념으로 이어지고 있다.

### 시민의 바람

5호선 연장 시 구래동과 마산동 지역의 접근성을 반드시 고려해야 하며, 소외 지역을 잇는 내부 순환 버스 교통망을 촘촘히 보강해 주기 바란다.

## 신도시의 혈관을 뚫어야

계양-강화 고속도로가 지상으로 들어오면 김포는 두 동강 나고 만다. 고속도로가 장벽이 되어 도시의 평온함과 기능을 망칠 것이다. 반드시 지하터널화해서 한강신도시와 김포한강2 콤팩트시티를 하나로 묶어야 한다. 5호선 연장과 GTX는 정부가 신도시를 만들며 약속한 필수 사항이다. 3기 신도시 개발이 시작되기 전에 이 약속부터 지켜야 교통 대란을 막을 수 있다.

계양-강화 고속도로 지하화를 통해 지상 공간을 공원이나 생활 인프라로 활용하고, 도시의 연속성을 확보해야 한다. 서울 5호선과 인천 2호선 연장을 정책의 최우선 순위에 두고 중앙정부의 지원을 끌어냈으면 한다.

## 김포공항을 어떻게 해야 할까

김포공항은 김포 소유가 아니다. 과거 일제강점기 당시 김포에 속한 역사가 혼동을 주지만, 현재는 서울특별시 관할이다. 이 지리적 특성이 서부 수도권 광역교통망 구축에 오히려 장애 요소가 되기도 한다. 공항 이전은 대선급 이슈라 당장 해결은 어렵지만, 장기적으로는 논의가 불가피하다. 공항 기능이 재편되거나 이전될 경우, 그 부지를 활용한 광역교통망 선택지가 획기적으로 늘어날 수 있고 서부권 대개발의 지평이 열릴 수도 있다.

### 시민의 바람

정량적인 데이터를 기반으로 AI 학습을 진행해, 김포의 고질적인 도로 정체를 해소할 최적의 시뮬레이션을 도출해야 한다. 김포공항을 제주나 일본행 급행 노선 중심으로 기능을 제한하거나 인천공항과 연계하는 등 지역균형발전 관점에서의 접근이 필요하다.

# 길 잃은 50만 대도시,
# 단절의 난맥상



　김포시 내 교통 체증과 인프라 부족은 여전히 주민 불편을 심화시키고 있다. 일부 지역은 오피스텔 공급 과잉과 유흥가 인근 공실 증가로 정책 실패의 조짐을 보이고, 여러 심각한 문제도 발생하고 있다. 오랜 기간 방치된 해안가 철조망은 이 지역발전을 가로막는 또 다른 장벽이 되고 있다. 철책 제거를 추진하고 있지만, 재정 문제로 지연되면서, 김포의 해안가를 시민 휴식과 여가, 관광자원으로 활용하지 못하고 있다.

## 시민의 바람

철조망 제거를 서두르고 한강과 해안가를 연결해 시민들이 이용할 수 있는 휴식 공간과 관광 인프라로 개발해 주기 바란다. 체류형 관광객을 끌어들이기 위해 숙박 시설 등 관련 인프라도 함께 확충했으면 한다. 단기적 이익이나 특정 계층에 편중되지 않고, 도시 전체 수요와 공급을 고려한 균형 있는 개발 정책을 펼치길 바란다.

김포의 전통시장은 양곡과 통진, 마송 등의 3곳에 불과하고 열악하여 대형 백화점 및 중대형 마트와 상생하기 어렵다. 시장 환경도 열악해 위생과 품격을 높이는 개선이 시급하다. 문화공간 부족은 주민 간 교류와 문화 활동을 제한하고 지역공동체 의식을 약화한다. 지역 축제와 문화 행사를 더 활성화할 필요가 있다.

## 시민의 바람

전통시장 환경을 개선하고, 시장을 박물관 등 문화 공간과 연계해 새로운 활력을 불어넣어야 한다. 주민들이 자발적으로 모여 교류할 수 있는 문화 인프라를 늘리고, 김포만의 특색을 살린 문화 · 관광 비전을 세워 지역 특화 관광자원을 적극 활성화해 주기 바란다.

## 길 잃은 도시, 비전 부재와 난개발

김포는 급격히 성장했지만, 정작 도시의 미래를 그리는 중장기 계획은 보이지 않는다. 선거 때마다 구호만 요란할 뿐, 실제 도시계획은 건설 수요에 맞춘 우발적인 개발에 치중되어 있다. 이로 인해 도심과 부도심은 끊기고, 도시와 농촌의 불균형은 심해졌으며, 스스로 먹고사는 자족 기능은 턱없이 부족하다.

### 시민의 바람

관 주도가 아닌, 시민들이 직접 참여하는 도시비전위원회를 만들어 김포의 100년을 책임질 장기 플랜을 다시 짜야 한다.

## 발목 잡는 규제와 단절된 도시

서울 접근성은 최고지만, 접경지역과 그린벨트라는 이중 규제가 도시 설계와 산업 유치를 가로막고 있다. 과도한 행정규제가 김포의 발목을 붙잡고 있다. 한강이라는 훌륭한 자원을 두고도 철책선에 가로막혀 있어, 하남의 미사강변지구처럼 고급스러운 수변 도시로 도약할 기회를 놓치고 있다. 현재 신도시는 주거만 있고 산업과 문화가 턱없이 부족한 미완성 구조다. GTX 연계와 콤팩트시티 추진이 불확실성에 빠지지 않도록 속도를 내야 한다. 파주가 대기업을 유치해 산업도시로 거듭날 때, 김포는 도시와 산업단지가 분리된 속에서 여전히 주거 도시 이미지에 갇혀 있다.

## 시민의 바람

한강 철책을 완전히 제거하고 수변 공간을 시민의 품으로 돌려주어 도시 이미지를 쇄신해야 한다. 단순 주거 공급이 아닌, 주력 산업과 기업을 유치하여 일자리와 주거가 공존하는 자족 도시로 전환하기 바란다.

## 5호선 연장의 현주소, 낮은 BC값과 예타 탈락

5호선 연장 사업의 BC값이 0.4%대에 머물고 있다고 한다. 이는 사실상 예타 통과가 불가능한 탈락 상태임을 의미한다. 개화역에서 풍무역까지 지하 직선 연결은 기술적으로 매우 어렵고 비용도 막대하다. 그 결과 10년이 넘도록 실질적인 진척 없이 논란과 갈등만 이어지고 있다. 김포골드라인 역시 김포시 부담이 큰 도시철도 방식으로 신청하면서 최근 국토교통부의 승인을 받았으나 2단계로 재정 절감을 위한 광역철도 트랙으로 전환할 필요성이 제기되고 있다.

## 시민의 바람

무조건 직결 노선만 고집할 것이 아니라, 비용을 절감하면서도 서울 접근성을 높일 수 있는 환승 중심의 대안을 검토해야 한다. 공항을 경유하지 않고 마곡나루역을 통해 서울 도심으로 빠르게 진입할 수 있는 광역 환승 체계를 구축했으면 한다.

## 멈춰버린 내부 순환, 민간 독점 버스

수익이 나지 않는 노선은 운행하지 않는 등 민간 업체의 독점으로 인해 시민들의 발이 묶여 있다. 시가 주도하는 노선 재조정은 보이지 않고, 대중교통 기획단은 정작 이해관계자 들 중심으로 채워져 공익적 기능을 제대로 발휘하지 못하는 상황이다. 검단과 김포 간의 갈등이 15년째 이어지고 있다. 수도권 서부지역 8개 시군의 행정협의체는 이름뿐이고, 문제해결 리더십을 발휘하지 못하는 지자체들간의 갈등과 불통이 심화하여 주민 간의 감정의 골만 깊게 만들었다.

### 시민의 바람

5호선에만 매달리지 말고 인천 2호선 연장, 골드라인 양촌역과 인천 검단오류역 연결 등 실현 가능한 다각도의 교통망을 동시에 추진해야 한다. 민간에 맡겨둔 버스 노선을 시가 직접 기획하고 관리하는 공공성 강화가 절실하다.

## 무용지물 정책 대신 실효성 있는 대책을

한강을 이용한 수상 버스 같은 사업은 실효성도 없고 예산만 낭비할 가능성이 크다. 시민들이 절감하는 것은 여전히 부족한 마을버스와 꽉 막힌 도로다.

## 시민의 바람

겉모양만 화려한 수상 버스보다 마을버스 노선 신설과 배차 간격 조정 등 시민의 일상을 바꾸는 교통정책이 절실하다.

## 신도시의 단절을 막는 핵심 키

고속도로가 지상으로 들어오면 김포는 두 쪽으로 갈라진다. 지상 고속도로는 도시 기능을 저해하고 소음·분진 문제를 일으킨다. 지하화를 통해 2기 신도시의 완성도를 높여야 한다. 서부권 광역급행철도, GTX-D, 5호선 연장 등 광역교통망은 신도시 조성 시 정부가 추진하기로 한 필수 인프라다. 정부의 3기 신도시 및 콤팩트시티 개발전략과 연계하여 조속히 추진해야 한다. 특히 장기동에 소재한 장애인 특수학교 인근은 고속도로 소음 피해가 직결될 수 있다. 철저한 방음벽 설치 등의 피해 최소화 대책이 선행되어야 한다.

## 시민의 바람

계양-강화 고속도로 지하터널화를 통해 도시 단절을 막고, 화성 동탄이
나 서울 연남동 센트럴 파크처럼 지상 공간을 공원이나 생활 인프라로
활용해야 한다.

## 원도심의 가치를 올리는 상생 행정

원도심 발전의 핵심은 교통이다. 광역교통망이 구축되면 원도심
도 자연스럽게 활기를 찾게 되고 소외감도 해소될 것이다. 이때 집
값 상승을 고려하여 저소득층의 주거 불안으로 이어지지 않도록 임
대주택 확충을 병행해야 한다. 부유한 사람이든 형편이 어려운 사
람이든 더불어 행복하게 사는 포용도시가 목표가 되어야 한다. 이
주민 비중이 높은 지역과 전통적인 농촌 지역의 정책을 분리해야
한다. 농촌은 변화를 최소화하여 주민들의 생활권을 보호하는 배려
가 필요하다.

## 시민의 바람

광역교통망 확충으로 김포시의 원도심 자산가치를 높이되, 공공임대주
택 공급을 병행하여 젠트리피케이션을 방지해야 한다.

# 리더십의 부재,
# 격차와 불균형 그리고 공백

## 실용과 실천의 리더십이
## 필요한 김포

변화를 이끌 리더십, 자율과 원칙은 김포의 여러 문제가 지연되는 근본 원인 중 하나로 지역 리더십의 부재가 꼽힌다. 지방자치 시대에 필요한 리더는 민주적이고 자율적인 가치관을 갖고 상식과 원칙을 존중해야 한다. 특정 이익단체에 휘둘리지 않고 자본주의의 기본 원리를 바탕으로 큰 틀에서 정책을 추진해야 한다.

### 시민의 바람

새로운 시장과 지방자치단체장은 공무원과 조직이 스스로 생각하고 창의성을 발휘할 수 있도록 돕는 서번트 리더십을 보여주어야 한다. 민주주의와 시장경제 원칙을 존중하며, 공무원 개개인의 성장과 자유

를 보장해 조직 전체의 자율성과 창의성을 끌어올리는 문화를 만들었
으면 한다.

## 시민이 원하는 리더십, 겸손과 통합

시민들이 원하는 리더는 측은지심과 인재 등용 능력 그리고 겸손
한 자세를 갖춘 사람이다. 그러나 지금까지의 리더들은 공무원 등
기득권에 휘둘려 시민을 위한 소신 있는 행정을 펼치지 못했고, 정
치인 간 협력과 연대도 부족했다. 행정 수장들이 문제해결 비전과
능력이 떨어지고 시민의 편익을 우선하기보다 정치적 이해관계에
갇혔다는 안타까움도 크다.

### 시민의 바람

새로운 시장은 시민 행복에 도움이 되는 방향으로 지역 난제들을 정리
하고, 민관협력을 이끄는 혁신적이면서도 통합적인 리더십을 보여야
한다. 공정하고 청렴할 뿐 아니라, 민원에 진정성 있게 공감하며 좌우를
살피는 균형 감각으로 변화와 지속을 함께 추진하는 리더를 기대한다.

기존 시장들이 지역 행사나 챙기는 행정 관리형이었다면, 이제 그런 유형은 시대착오적이다. 시장이 시민 행사만 쫓아다녀서는 도시의 큰 자원을 끌어올 수 없다. 내부 행정에만 매몰된 공무원 조직은 투자 유치에 한계가 있다. 조직 전체를 서비스 지향적이고 투자 유도형으로 탈바꿈시켜야 한다.

## 시민의 바람

중앙정부, 경기도 그리고 글로벌기업을 상대로 김포의 가치를 어필하여 자원과 투자를 끌어오는 세일즈형 시장이 필요하다. 시장은 김포의 외교관이자 CEO가 되어야 한다. 정치 경력보다 실질적인 실행력과 외부의 풍부한 인적 네트워크를 가진 리더를 원한다.

## 인품과 용기를 갖춘 민본 정치

시민들이 바라는 리더는 단순한 행정가가 아닌, 시민의 삶을 깊이 이해하는 동반자여야 한다. 시위 현장이나 갈등 상황을 피하지 않고, 시민과 직접 대면하여 대화하려는 용기가 필요하다. 민심은 바닥에서부터 살피는 것이다. 눈앞의 성과를 위한 개발보다 기후위기

대응과 환경보존을 고려하는 장기적인 안목을 갖춰야 한다.

## 시민의 바람

시장은 기본적으로 행정가이지만, 고도의 정무적인 정치력을 발휘하는 정치가이기도 해야 한다. 시민 행복을 본위로 삼는 행정을 펼치려면 정치가로서의 용기와 뚝심이 필요하다. 새로운 시장은 그런 시장이면 좋겠다.

# 격차와 불균형의 난맥상
# 그리고 다른 문제들

## 포용과 지원, 취약계층과 다문화 복지

취약계층을 위한 복지 활동이 봉사자들의 의지에만 의존하고 있어 시 차원의 체계적인 지원이 부족하다. 봉사활동에 대한 과도한 규제도 걸림돌이 되고 있다. 김포에는 다른 나라에서 이주해 온 다문화 가정과 이주 노동자 그리고 탈북민 인구가 많고, 특히 이주민 자녀 중 다자녀 가정이 많아 이들을 위한 맞춤형 복지와 사회적 지원이 필요하다. 노인과 취약계층을 위한 요양병원, 교육장 등 지원

인프라도 부족한 실정이다.

## 시민의 바람

다문화 가정과 탈북민을 공동체의 일원으로 포용하고, 평화와 번영을 위한 포용 정책을 강화해야 한다. 노인과 취약계층을 위한 요양·교육 인프라를 확충하고, 봉사자들의 선의가 체계적인 복지 시스템 안에서 제대로 발휘될 수 있도록 제도적 기반을 마련해 주기 바란다.

## 문화와 복지의 격차, 도농 불균형

읍면 지역은 도시 지역보다 문화 혜택과 참여 기회가 턱없이 부족하다. 시에서 일방적으로 베푸는 시혜적 문화 행사가 대부분이고, 주민들이 자발적으로 참여하고 문화를 만들어갈 공간은 매우 부족하다.

## 시민의 바람

삶의 질 향상을 위해 도시와 농촌 간 문화·예술 인프라를 확충하고, 주민들의 자발적인 참여와 건강을 위한 지원을 균형 있게 확대해 주기 바란다.

## 난방의 불균형, 도시가스 공급 문제

산업단지는 도시가스 공급이 완료되었거나 진행 중인데, 양촌산단 6단지와 인근 마을 같은 주거지역은 고압 문제 때문에 도시가스가 전혀 공급되지 않고 있다.

고압 도시가스를 주거지역에 공급하려면 감압 설비 설치가 필수인데, 설치 비용 문제와 낮은 인구 밀집도 때문에 공급 우선순위에서 계속 밀리고 있다. 관로 설치도 미흡하고, 일부 주민이 개발 비용을 부담하려 해도 행정적 제약에 막혀 있는 상황이다.

### 시민의 바람

도시가스 공급은 기본적인 주거 환경 문제다. 시가 나서서 감압 설비 설치 비용 문제를 해결하고, 관로 설치를 신속히 추진해 주거지역 주민들의 난방 불편을 해소해 주기 바란다.

## 함께 잘 사는 김포, 도시와 농촌의 상생

농촌 지역과 도시 소비자 간의 연결이 부족하다. 로컬푸드 이용률은 높지만, 규모와 체계가 미흡해 사람과 자원의 순환이 제대로 이루어지지 않고 있다. 농촌은 도시민의 자연 감수성과 먹거리를 채

워줄 소중한 자산인데, 이에 관한 관심과 애정이 부족하다.

### 시민의 바람

도시민이 농촌에 관심을 가질 수 있도록 문화적·경제적 연계를 강화하고 로컬푸드 체계를 더 세밀하게 구축해야 한다. 농촌의 환경을 보존하면서 도시와 농촌이 서로를 돕는 선순환 구조를 만들었으면 한다.

## 깨어있는 시민, 인프라 강화와 노인 자립

김포의 시민사회는 여전히 학연·혈연·지연 중심의 전통적 가치에 갇혀 있다. 행정과 지역 권력 구조가 오히려 시민사회의 성장을 가로막기도 한다. 노인을 단순히 돌봄의 대상으로만 보면서, 이들이 가진 전문성과 경험이 사회적으로 재활용되지 못하고 있다. 민주시민 교육이나 노동 인권 교육 등 성숙한 공동체를 위한 교육 프로그램도 거의 없다.

### 시민의 바람

서울시의 50+ 재단 모델처럼, 은퇴자들이 전문성을 살려 사회에 기여하고 수익도 창출할 수 있는 네트워크와 인프라를 김포에도 구축해야한다. 이주민을 위한 진지한 지원 프로그램과 보편적 가치를 배우는 시민 교육을 활성화해 주기 바란다.

## 김포를 떠나는 청년들, 주거비와 인프라

비싼 월세 부담 때문에 청년들이 김포를 떠나고 있다. 구래동은 아홉 번 다시 오고 싶은 동네인데 이제는 기회만 생기면 떠나고 싶은 도시로 정주 환경이 흔들리고 있다. 신도시 상권은 뿔뿔이 흩어져 있고 주차 공간은 턱없이 부족하다. 문화 공간이나 광장이 없어 지역 내에서 소비를 유도할 매력이 부족하다. 구래동 같은 데는 유흥업소 밀집 지역이어서 학부모들이 기피하는 반면, 학교와 상권이 가까운 특정 단지로만 인구가 쏠리는 등 지역 내 불균형이 심하다.

### 시민의 바람

구래동과 마산동 일대의 대중교통은 역세권이 아니면 너무나 접근성이 멀어서 청년과 시민의 이동 동선을 고려한 효율적인 버스 노선 체계로 전면 재조정이 필요하다. 김포 포도 같은 전통 특산물을 브랜드화하고, 지역 수익금이 다시 사회로 환원되는 선순환 구조를 만들어 지역경제를 활성화해 주기 바란다.

# 비어가는 공백이 빚는
# 소멸의 위기



학원가 주변은 주차 공간이 턱없이 부족하다. 건물 용적률이 80% 임에도 주차 공간 확보가 어렵고, 노란 선으로 주차 금지 구역까지 지정하면서 차량 주차가 사실상 불가능해졌다. 학부모와 주민들의 불편이 가중될 수밖에 없다.

학원가 인근의 교통 인프라도 너무 열악하다. 버스 운행이 드물고 마을버스도 자주 다니지 않아 접근성이 떨어진다. 주민들이 버스를 1~2시간 이상 기다려야 하는 경우도 흔하다.

## 시민의 바람

오전 · 오후 장을 보러 가는 주민들을 위해 이음 버스 같은 형태의 노선 운행이 필요하다. 과거 찾아가는 버스처럼 주민들의 실질적인 필요에 맞춘 마을버스를 운행해 주기 바란다.

김포 여성 인권 단체에 상근 인력이 턱없이 부족하다. 활동비 확보도 어려워 단체 운영 자체가 중단될 위기다. 시민사회단체의 자율성은 사라지고, 점차 관 주도의 시스템에 포섭되어 행정의 하부 조직처럼 변질하고 있다. 과거에 활발했던 시민사회 연대체들이 지금은 거의 작동하지 않는다. 단체 간의 실질적 협력보다는 형식적인 홍보성 모임에 그치는 경우가 많다.

## 시민의 바람

관 주도의 예산 지원 방식에서 벗어나 시민단체가 독립성과 자율성을 유지하며 지역 의제를 발굴할 수 있는 건강한 생태계 조성과 민관협력 구조로의 전환이 필요하다. 깨어있는 시민들이 자발적으로 참여할 수 있는 환경을 만들고, 시민단체들이 의제 중심으로 다시 뭉칠 수 있는 구심점을 마련하기 바란다.

## 2차 가해와 법률 구제의 높은 문턱

경찰을 비롯한 공무원의 성 평등 인식이 부족해 조사 과정에서 피해자가 가해자 취급을 받는 2차 가해가 빈번하게 일어난다. 법률 용어는 너무 어렵고 절차는 복잡해서 피해자들이 접근하기조차 힘들다. 코로나 사태 이후 비대면 상담은 늘었지만, 정작 피해자에게 절실한 심정으로 찾아가는 상담이나 깊이 있는 대면 접촉은 줄어들었다. 특히 전업주부들은 폭력 상황에서 자립할 수 있는 법적·사회적 지원이 거의 없다.

### 시민의 바람

경찰을 비롯한 공무원 등의 정책 실행 주체들이 성 평등 인식을 내재화할 수 있는 실질적인 교육과 모니터링이 강화되어야 한다. 복잡한 법률 언어를 쉬운 언어로 풀어서 제공하고, 지역 내 부족한 법률 구조 인프라를 확충하여 피해자의 사법 접근성을 높여 주었으면 한다.

## 내 집 근처에 없는 인프라

인근 부천이나 강서 마곡과 비교하면 김포의 의료·교육 인프라는 매우 취약하다. 단과대학 수준을 넘어선 종합대학과 주민들이 믿고 갈 수 있는 대학병원이 없어 삶의 질이 저하되고 있다. 행정적·구조적 문제로 대학 유치에 번번이 실패하는 모습에 시민들의 실망감이 크다.

## 시민의 바람

'서울편입'이라는 비현실적인 장밋빛 구상보다는, 서부권 8개 도시가 협력하는 현실적인 메가시티 구상을 통해 교육과 의료 자원을 공동 활용하고 일자리 산업 클러스터를 조성하는 실질적인 대안이 필요하다.

## 손안에 없는 시정 정보

김포에는 민원, 재난, 보건의료 정보를 한눈에 볼 수 있는 통합 플랫폼이 제대로 갖추어져 있지 않다. 지역공동체 미디어도 부족해 정작 우리 동네 재개발 소식이나 정책 정보를 알기 어렵다. 공무원들의 민관협력 기반 통합돌봄 시스템 구축 의지가 부족하고, 시민들이 정책 결정에 참여할 채널이 막혀 있다는 느낌을 받는다.

## 시민의 바람

행정 정보를 디지털화하고 공공 AX 행정의 전면화로 행정에 대한 시민 접근성을 높여야 한다. 특히 공공기여금 사용 시 시민심의위원회가 참여하도록 하여 예산 편성과 집행에서 공익성과 투명성을 높였으면 한다.

# 교육이 살아야
# 미래가 보인다

## 부모의 마음으로
## 아이들을 돌보는 정치

### 사라진 운동장, 약해진 아이들

국·영·수 위주 교육과 체육의 내신 제외로 아이들의 기초 체력이 바닥이다. 비만과 질병은 늘고, 함께 땀 흘리며 배우는 협동과 배려 같은 공동체 의식은 희박해졌다.

학교는 체육을 기피하고 승진 가산점마저 폐지되니 체육 교사와 선수 육성은 뒷전이다. 이러다간 올림픽은커녕 전국체전에서도 김포의 이름을 보기 힘들 판이다.

마산동 생활체육관 말고는 대형 체육관이 없다. 큰 대회를 치룰 수 있는 제대로 된 탁구장 등 다양한 생활체육 시설이 부족하다. 축구 명문 통진에도 공설 축구장이 없어 동네 동호인들이 비싼 사설 시설을 이용하는 게 현실이다.

### 시민의 바람

14개 읍·면·동마다 탁구, 배드민턴, 축구 등을 즐길 수 있는 체육공원을 만들어 저녁이 있는 삶을 주었으면 좋겠다. 20~30대 체육 지도자를 양성하고 어린이, 노인, 장애인, 다문화 가정을 위한 돌봄 체육 시설을 확충해주기 바란다. 대규모 경기 유치를 위한 대형 호텔 건립도 검토했으면 한다.

## 부모의 마음으로 시정을

자식을 기다리는 부모의 마음, 아픈 자식의 등을 두드려주는 마음이 바로 정치의 진정성이다. 누구에게나 기회를 주었던 과거제도처럼, 리더는 투명한 행정으로 시민에게 기회를 제공해야 한다.

공과 사를 엄격히 구분하고, 타인의 모델이 될 수 있는 도덕적 우위가 필요하다. 요즘 너무 심한 개인주의와 공감 능력 부족을 해결할 수 있는 사람이 시정의 리더가 되어야 한다.

권위가 아니라 부모의 마음으로 아이들의 불편을 돌보는 세심한 시정이 펼쳐졌으면 좋겠다. 버스 배차, 학교 체육 규제 등 현장의 목소리에 귀 기울여 주기 바란다.

## 인재 양성 체계 미비로 미래 경쟁력 약화

직업 훈련과 창업 지원 사업이 단기적인 성과 중심으로만 평가되다 보니 예산 배정이 줄어들고 전반적인 분위기가 침체되었다. 평생 교육은 단순한 성과 지표로 볼 일이 아니라, 국민의 역량을 강화하고 국가 자원으로 키우는 일로 인식해야 한다. AI 시대를 말하지만, 청년들이 주관적이고 창의적인 학습 분위기 속에서 자연과학과 공학 분야에 깊이 몰두하며 자발적인 혁신을 만들어낼 수 있는 환경 조성은 크게 부족한 상황이다.

### 시민의 바람

국가와 지방정부가 국민의 기본권 차원에서 청년과 중소기업의 역량 강화를 책임 있게 지원해야 한다. AI 시대에 필요한 인간 역량 개발과 스스로 학습하는 분위기를 조성하고, 특히 과학 · 기술 분야 인재를 키울 수 있도록 창의적 학습 환경을 적극적으로 만들어 주기 바란다.

## 목숨 내놓고 다니는 길

고촌고등학교 등 학교 주변 통학로가 너무 위험하고 보행 환경이 취약하다. 아이들이 매일 아침 안전을 위협받으며 학교에 가고 있다. 마을버스나 통학버스가 턱없이 부족해 주민들이 사비로 사설 버스를 이용하는 실정이다. 교육의 질 이전에 안전한 등하교라는 기본권이 보장되지 않고 있다.

### 시민의 바람

안전 펜스, 보행자 전용 도로 등 하드웨어적 보강과 함께, 학교를 경유하는 마을버스 노선 확대 등 공공 통학 지원 체계를 마련해 주기 바란다.

## 아이들의 꿈터를 덮친 골프공

새솔특수학교 아이들이 숲 체험을 하고 텃밭과 꽃밭을 가꾸던 야산이 골프장 조성을 위해 통째로 깎여나갔다. 아이들에게 남은 것은 공사 소음과 분진뿐이다. 골프장이 학교와 붙어 있다. 파크 골프는 공이 크고 타격 소음이 심해, 소리에 민감한 장애 학생들에게 극심한 스트레스를 준다. 안전사고 우려도 크다. 학부모들이 8차례나 시와 협의했지만, 타협안을 찾지 못하고 갈등만 이어지고 있다.

시, 교육청, 학부모, 시민단체가 참여하는 협의체를 구성해 원점부터 대안을 논의해야 한다. 깎여나간 숲과 텃밭을 복구하고, 불가피할 경우 완벽한 방음벽 설치와 안전 대책을 세우기 바란다.


# 불균형과 갈등을 해소하는
# 공정과 회복의 교육


## 교육 기회의 불균등, 특수학교와 평준화


장애인 교육을 위한 균등한 기회가 미흡하고, 특수학교 부족 문제는 심각하다. 유일한 특수학교인 세솔학교는 이미 포화 상태라 다른 지역으로 전학 가는 안타까운 사례까지 나오고 있다. 학교 서열화 완화를 위한 평준화 취지에는 공감하지만, 농촌 지역 학생들에게는 통학 거리 문제가 커서 찬반 의견이 복잡하게 갈리고 있다.

### 시민의 바람

장애인 교육 권리를 보장하기 위해 다른 장소에도 특수학교를 시급히 확충해야 한다. 평준화 논란과는 별개로 지역 간 교육 환경 격차를 줄이고, 모든 학생이 가까운 곳에서 양질의 교육을 받을 수 있도록 정책을 마련해 주기 바란다.

## 갈등을 치유하는 교실, 회복적 정의 교육

현재 교육부의 학교폭력 예방 교육은 단편적이고 후유증이 크다. 처벌 중심의 교육보다는 학생들이 자발적으로 자기 언행에 책임감을 갖게 하는 체계적인 교육 시스템 구축이 절실하다. 영국 헐 시처럼 경찰, 교육청, 시가 협력해 문제를 해결하는 회복적 정의 모델이 필요하다. 우리나라는 남양주시와 일부 광역시도에서만 실험적으로 시도하는 중이라 아쉬운 상황이다.

### 시민의 바람

초 · 중 · 고 정규 과정에 회복적 정의 프로그램을 포함해야 한다. 교육청은 예산과 교육과정을 조정하고, 시는 정책과 인프라를 지원하는 협력 구조가 필요하다. 우리 김포시와 교육지원청도 학생뿐 아니라 교사, 퍼실리테이터를 양성하고 학교 밖 청년과 일반 성인까지 이 교육을 받을 수 있도록 확대했으면 한다.


# 사라지는 아이들,
# 무너지는 교육





젊은 도시인 김포에서조차 아이들이 줄어들면서 어린이집마다 원아 모집 전쟁이 벌어지고 있다. 이는 곧 보육교사들의 일자리 감소와 생계 위협으로 이어지고 있다. 정부가 유치원과 어린이집을 통합한다지만, 여전히 교육부 주관 유치원 선호도가 높다. 어린이집만의 강점이던 긴 보육 시간마저 유치원이 흡수하면서 어린이집은 설 자리를 잃고 있다. 젊은 부부들은 사회적 지원 체계가 부족해 육아 스트레스에 시달린다. 돈 몇 푼 쥐여주는 지원보다 믿고 맡길 수 있는 환경이 더 절실하다.

육아휴직을 눈치 보지 않고 쓸 수 있는 문화를 조성하고, 보육교사의 전문성을 보장하여 부모가 안심할 수 있는 신뢰 기반 보육 환경을 만들어 주기 바란다.

## 아이들이 사라지는 마을

김포가 인구 50만을 넘어 70만에 이르는 대도시가 될 거라고 한다. 하지만 우리 월곶에 지난 3년간 태어난 아이들이 12명이다. 월곶, 하성, 대곶 등 저출산 고령화 지역이 늘어나면서 아이들이 사라지니 교육 인프라도 붕괴하고 주민자치의 길도 점점 멀어지고 있다.

### 시민의 바람

월곶과 하성 등 김포 북부지역의 특화된 행정조직을 만들었으면 한다. 지역의 문제를 제대로 인식하고 있는 읍면장을 보내주기 바란다. 지역 생산품을 활용한 가공식품 등 지역 특성을 고려한 소득증대 방안을 마련하여 젊은 인구 유입정책을 폈으면 한다.

마을 단위 평생 교육 프로그램은 인원과 나이의 제한이 너무 까다롭다. 배우고 싶은 의지는 강한데 참여 기회 문턱이 너무 높다. AI나 IT 교육 같은 최신 트렌드는 노년층에게 제한적으로만 제공된다. 서울시 50플러스 재단 같은 특화된 연령별 교육 기관이 김포에는 없어서 교육 격차가 벌어지고 있다.

### 시민의 바람

5060 신중년층과 노년층이 제2의 인생을 설계할 수 있는 체계적인 교육 인프라를 구축해야 한다. 거동이 불편하거나 정보가 부족한 노년층을 위해 마을 단위로 파고드는 IT · AI 교육 시스템이 필요하다.

## 인구 절벽과 기술 혁명, 교육의 특성화

1학년 학급당 학생 수가 급감하는 등 과밀은 해소되고 있지만, 이는 반가운 소식이 아니라 인구 절벽의 신호다. 이제는 양이 아닌 질적 교육을 고민해야 할 때다. 김포의 아이들이 다양한 꿈을 꿀 수 있는 전문화된 고등학교가 부족하다. AI 대전환 시대라는데, 김포시 차원의 체험 기회나 교육 정책은 여전히 중앙정부의 속도를 따라가

지 못하고 있다.

## 시민의 바람

아동과 청년을 위한 AI 체험 센터를 건립하고, 지역 내 8,000여 개 공장에 AI를 도입해 산업 효율을 높이는 등 AI 선도 도시로의 비전을 제시해주기 바란다.

## 일하고 싶지만, 애 볼 시간이 없어

김포에 산업단지는 많지만, 아이를 키우는 여성이 할 수 있는 시간제 일자리는 거의 없다. 8시간 전일제 근무가 아니면 아르바이트조차 구하기 힘든 실정이다. 한부모 가정이나 수급자가 용기를 내어 일을 시작하면, 소득과 연계되어 수급비가 바로 깎여버리는 것도 문제다. 열심히 일할수록 가난해지는 구조 때문에 취업을 포기하게 된다.

## 시민의 바람

경력 단절 여성을 위한 단시간 근무 전문 채용관을 운영하고, 취업 초기에는 수급비를 유예해주는 등 실질적인 자립 지원책이 필요하다.

학교와 이웃에서 출신 지역이나 사투리로 인해 차별을 경험하는 아이들이 많다. 아이들은 학교에서 상처받지 않기 위해 고향을 숨기며 산다. 홀로 사는 탈북 어르신들이나 한부모 가정은 사회적 연결망이 약해 고립과 고독사의 위험에 항상 노출되어 있다.

## 시민의 바람

사투리와 문화 차이를 다름으로 인정하는 지역사회 인식 개선 교육을 강화하고, 탈북민과 지역 주민들이 동행하여 함께 어울리는 포용적인 사회를 위해 주민 네트워크 참여를 유도해야 한다.

# 갈 학교가 없다

고촌 신곡 6지구에 5,500세대가 입주했는데, 교육지원청은 기준 미달을 이유로 중학교 신설을 미루고 있다. 아이들은 수용 한계에 다다른 고촌중학교로 억지로 분산 배치되고 있다. 학원과 스터디 카페가 부족해 부모들 부담만 커진다. 도서관이나 청소년 수영장 같은 복합문화시설이 없어 아이들이 방과 후 갈 곳이 없다.

## 시민의 바람

신도시 입주 상황을 고려한 유연한 교육 행정이 필요하다. 학교 신설과 함께 도서관, 수영장을 포함한 청소년 복합문화센터를 건립하여 정주 여건을 개선해야 한다. 화성시처럼 학교와 지역공동체를 연결하는 이음학교를 구상해보는 것도 하나의 방법이다.

# 김포의 혁신,

## 오늘보다 더 나은 내일

**김포의 변화는
행정의 혁신에서부터**

## 법전 뒤에 숨은 고무줄 행정

민선 시장이 들어선 지 긴 세월이 흘렀지만, 관선 때와 다를 바 없다. 공무원들은 여전히 현장보다는 사무실에 앉아 법규만 따지며 안 된다는 평계를 찾기에 급급하다. 같은 사안인데도 담당자가 누구냐에 따라 허가 여부가 갈리는 고무줄 해석이 기업 활동을 위축시킨다. 인허가 문제로 직접 부딪혀본 기업인이라면 하나같이 행정 탄력성의 부재가 심각하다는 걸 느낀다. 표가 되는 개인 민원에는 민감하면서, 정작 지역 경제의 기틀인 기업의 고충은 도외시하는 경향이 짙다.

### 시민의 바람

공무원이 감사나 징계를 두려워하며 복지부동하게 되면 그 피해는 고스란히 시민에게 돌아간다. 법의 테두리 안에서 시민과 기업의 편의를 위해 유연하게 법을 해석하고 적용하는 적극 행정이 필요하다.

## 사무실을 버리고 현장으로

이재명 대통령이 경기 지사 시절에 보여준 계곡 정비사업처럼, 시장이 직접 현장에 가서 부딪히고 해결하는 실천적 리더십이 필요하다. 시장이 직접 움직이면 국장, 과장, 팀장들도 따라 움직이게 마련이다. 시장은 군림하는 자리가 아니라 김포라는 회사의 '대표 사원'이라는 마음가짐으로 직을 수행해야 한다. 선거 때만 시장 골목을 찾아 홍보 사진 찍고 갈 게 아니라 평소에 골목골목을 누비면서 진정으로 민생을 살피는 리더 본연의 책무가 몸에 배어야 한다.

### 시민의 바람

높은 자리에 오를수록 밑으로 내려가려는 겸손한 리더십이 필요하다. 주말에도 조용히 현장을 살펴보고 시민과 함께 김밥을 먹으며 소통하는 소탈한 모습이 신뢰를 만든다.

탁상행정으로는 소외 지역 주민들의 고통을 알 수 없다. 시장과 공무원들이 직접 소외 지역 마을버스를 타고 다니며 불편함을 직접 체험하고 개선안을 짜야 한다. 중앙정부가 관세 협상을 하듯, 지방정부도 관내 기업들이 단속이나 세금 걱정 없이 사업에만 전념할 수 있도록 적극적인 지원과 방어막 역할을 해줘야 한다.

### 시민의 바람

대중교통 주요 시설이나 마을버스 현장 점검을 정례화하고, 기업의 민원을 최우선으로 해결하는 지원 시스템을 구축했으면 한다.

## 법은 통과됐는데 김포는 멈췄다

중앙정부가 예산의 50%를 지원하는 장애인 자립 지원 시범사업에 김포시는 참여하지 않고 있다. 2027년 본 사업 시행 전까지 김포의 장애인들은 자립 훈련의 기회조차 얻지 못하고 있다.

경기도와 중앙정부의 지원이 있음에도, 시비 35% 부담을 이유로 김포시는 참여 의지가 없다. 시설을 폐쇄하고 지역사회로 나온 장애인들이 적절한 서비스 연계를 받지 못해 자립 후 더 큰 위기에 처했다.

## 시민의 바람

지금이라도 시범사업에 참여하여 장애인 지원주택 운영 노하우를 쌓고, 단순한 주거 제공을 넘어 상담과 코디네이터가 배치된 촘촘한 서비스 체계를 구축하기 바란다.

## 과장님 한 번 만나기가 두 달 넘게 걸려

장애인 단체가 제출한 42건의 정책 요구안은 검토조차 되지 않았다. 담당 과장 면담 요청은 두 달 넘게 방치되었고, 지난 4년간 시장과의 실질적인 면담은 단 한 차례에 불과했다.

## 시민의 바람

장애인 단체와 시 행정이 정기적으로 만나 정책을 논의하는 공식적인 소통 창구를 마련하고, 제출된 정책 요구안에 대한 성실한 답변과 이행 계획을 발표하기 바란다.

## 아직도 너무 권위적인 공무원

김포시 공무원들은 다른 지역 공무원들보다 권위적이고 시민을 대하는 태도가 여전히 공급자 중심이다. 민원 처리는 늦고 대응은 불투명하다. 현 시장의 소통 부족과 정책 철학 부재에 대한 시민들의 갈증이 크다. 전문가의 의견을 듣고 조정하는 능력이 부족해 보인다.

### 시민의 바람

민원 처리 지연을 막기 위해 AI 기반 시스템을 도입하고, 신속한 피드백 체계를 구축해 행정 효율성을 높여야 한다. 노점상을 덮어놓고 단속하기보다는 서울시처럼 일정한 기준에 부합하면 등록제 등을 통해 양성화하고 관리하는 유연한 행정이 필요하다.

## 협력이 사라진 외톨이 행정

교통 문제는 김포시 혼자 풀 수 없다. 하지만 인천, 계양, 서구 등 인근 지자체와의 협력 네트워크가 없어 광역교통망 확충이 공전하고 있다. 정당이 다른 시장과 국회의원 간의 갈등, 당정 협력 부재가 김포 발전의 가장 큰 걸림돌이 되고 있다. 지역 정치가 시민의 삶보다 진영 간 다툼에 매몰되어 있다는 비판이 거세다. 경기도나 중앙 정부로부터 자원과 예산을 끌어올 수 있는 강력한 리더십과 협상력이 보이지 않는다.

### 시민의 바람

정치적 이념을 떠나 김포의 이익을 위해 인근 지자체 및 중앙정부와 손 잡을 수 있는 실무형 · 전략적 리더십이 절실하다.

## 보고서 시대의 종말, 공공 AX

AI를 쓰는 팀과 안 쓰는 팀의 속도 차이는 이미 좁힐 수 없는 수준 이다. 단순히 문서를 요약하는 수준을 넘어, 이제는 실행 계획서 작 성에 시간을 쏟기보다 AI를 통해 즉시 액션으로 전환하는 업무 패 턴이 요구된다. 공무원들이 실무에 AI 시스템을 본격 적용하려 하 지만, 직접 개발하기엔 한계가 있다. 그런데 김포 내에는 데이터 처 리와 AI 활용 역량을 갖춘 젊은 인재가 부족하다. 이로 인해 지역 간 디지털 격차가 발생하고 업무 실행력이 떨어지는 문제가 반복된다.

### 시민의 바람

젊고 실행력 있는 민간 마케팅 전문가, 사회적 기업 인력과 협력하여 조 직의 실행력을 수혈해야 한다. 인건비보다 소프트웨어 비용이 더 중요 해지는 시대다. 전략적 예산 배분을 통해 AI 업무 자동화를 더 늦기 전 에 갖추기 바란다.

현장에서 느끼는 규제의 벽은 외부에서 보는 것보다 훨씬 높다. 환경 규제와 산재 단속은 예방이나 보완 기회 없이 단속에만 집중되어 있다.

한 번 단속에 걸리면 대규모 투자가 필요하지만, 중소기업은 개선 비용을 감당하기 어렵다. 결국, 개선 대신 폐업을 고민하게 만드는 엄격한 법적 조치가 사업을 짓누르고 있다.

### 시민의 바람

무조건 단속을 능사로 삼기보다는 기업이 규제를 준수할 수 있도록 환경 개선 시설 자금을 지원하고, 전문가 컨설팅을 선행하는 예방적 행정으로 전환해야 한다.

# 양질의 일자리 창출,
# 김포 대전환의 실마리

## 숫자가 말하는 위기

김포의 1인당 GRDP는 경기도 내에서도 하위권에 머물러 있다. 특히 여성 고용률이 낮고 청년 실업률은 높아 경제 활력이 눈에 띄게 떨어지고 있다. 김포 1인 가구 비율이 29%에 달한다. 사회적 관계망이 부족한 청년층의 우울증 문제와 고립감이 심각한 수준이며, 이는 곧 지역 이탈로 이어진다.

## 시민의 바람

아파트 공급 위주의 정책에서 벗어나 청년세대와 취약계층에 맞춘 다양한 생활주택을 공급하고 실질적인 고용을 창출할 수 있는 기업 유치와 청년·여성 맞춤형 일자리 정책이 최우선으로 펼쳐져야 한다.

## 활력을 잃은 상권과 떠나는 이웃

한때 활발했던 구래동 상권이 쇠퇴하고 유흥업소와 외국인 유입이 늘면서 주거 환경이 악화하고 있다. 이로 인해 젊은 부부와 학부모 세대가 지역을 떠나는 엑소더스 현상이 나타나고 있다. 특정 아파트 단지 인근의 교통 불편은 해결될 기미가 없고, 이는 집값 정체로 이어져 주민들의 상대적 박탈감을 키우고 있다.

### 시민의 바람

상권의 질적 개선과 주거 밀집 지역의 환경 정비를 통해 젊은 세대가 안심하고 정착할 수 있는 여건을 만들어 주기 바란다.

## 미래를 위한 투자, 경제와 첨단 산업

김포의 중소기업 경쟁력이 약화하고 소상공인의 어려움도 매우 심각하다. 산업단지는 특성화가 부족하고, 단기적인 개발 위주로 진행되면서 지속가능성이 떨어지고 있다.

### 시민의 바람

단기 개발에 그치지 말고 김포의 미래를 위해 AI, 로봇, 바이오 등 첨단 산업을 육성하고 중소기업의 경쟁력을 강화해야 한다. 무엇보다 법과 제도가 정의롭고 공정해야 한다는 믿음 아래, 기득권 세력의 불공정 문제를 바로잡고 공정한 사회 기반을 마련해 주었으면 한다.

## 김포의 미래 먹거리, 마곡 연계 산업

서울 강서 마곡지구와 연계할 수 있었던 고촌 복합의료단지 개발 무산은 김포 발전의 큰 기회를 날려버린 실책이다. 김포 산업단지는 여전히 노후화해 있다. AI, IT 스타트업이 들어올 수 있는 자족 도시 기반이 매우 허약한 상태다.

### 시민의 바람

통진 차량기지부지를 활용해 관광, 문화, 산업이 어우러진 복합 공간을 조성하고, 민관 합동 PPP 방식을 도입해 시 재정 부담을 줄여야 한다.

## 굴뚝 대신 게임과 AI를

김포의 산업구조는 여전히 농업과 영세 제조업 중심이다. 청년들이 일하고 싶은 IT나 게임 산업 같은 일자리는 찾아보기 어렵다. 창업하고 싶은 청년이 있은들 공간도, 지원 예산도 없다. 데이터센터가 들어온다지만 지역 경제와 청년 일자리에 무슨 도움이 되는지 체감이 안 된다.

### 시민의 바람

일자리 창출 효과가 큰 게임 산업과 소셜 벤처를 육성해야 한다. 청년 창업자들이 김포 내에서 도전할 수 있는 전용 공간과 예산을 확보해 주기 바란다. 낡은 산업 현장에 AI를 도입해 혁신을 일으킬 디지털 산업 정책이 필요하다.

김포 청년(19~34세) 인구는 8만 명에 달하지만, 39세까지 범위를 넓히면 오히려 인구가 줄어든다. 이는 청년들이 정착하지 못하고 떠난다는 신호다. 집은 많은데 일터와 즐길 곳이 없다. 서울로 출근하는 청년들은 지독한 교통난에 시달리고, 퇴근 후 지역에서 누릴 편의시설은 턱없이 부족하다.

### 시민의 바람

단순한 인구 유입정책을 넘어 김포 내에서 청년들이 경제 활동과 문화 생활을 할 수 있는 자족 기능을 강화해야 한다.



3D 업종 기피 현상으로 인해 신규 인력 확보가 어렵다. 퇴직을 앞둔 고령자가 현장을 지키고 있으며, 기술 전수는 끊긴 지 오래다. 그나마 외국인 노동자로 버티고 있지만, 이들조차 5~10년 후면 본국으로 돌아가거나 이탈한다. 지속 불가능한 인력구조 때문에 장기적인 설비 투자는 엄두도 못 낸다. 김포 산단은 교통이 불편하고 주거와 생활문화 편의시설이 열악해서 젊은 인재들이 오고 싶어도 올

수 없는 환경이다.

## 시민의 바람

기숙사 지원, 생활주택, 출퇴근 버스 확충, 문화 · 편의시설 등 청년이 머물고 싶은 산단 조성을 위한 생활 인프라 투자가 병행되어야 한다.

## 굴뚝 산업에도 AI 필요

산단의 규모는 크지만 대부분 노후화되어 부가가치가 낮다. 디지털화나 AI 전환은 먼 나라 이야기처럼 들린다. 공적 자금이나 신용보증 연계가 있지만 진입 장벽이 높고 실효성이 떨어진다. 기업들이 바라는 것은 단순 자금 지원을 넘어 거래처 발굴과 생산성 향상을 돕는 실질적 서비스다.

## 시민의 바람

노후 산단에 AI 기술을 접목하여 스마트 공장을 구현할 수 있도록 지자체가 교육과 기술 보급의 허브 역할을 해주었으면 한다. 인천의 사례처럼 시장이 직접 현장을 챙기며 실질적인 성과를 내야 한다. 아니면 국가 산단으로 지정하여 리노베이션을 추진했으면 한다.

김포의 산업단지는 노후화되어 제조업 중심의 3D 환경에 머물러 있다. 청년들이 선호하는 IT, 바이오, 스타트업을 위한 신성장 클러스터나 지식산업센터가 턱없이 부족하다. 바로 옆 마곡지구와 연계할 가능성은 충분하지만, 교통 접근성이 나빠 실질적인 시너지를 내지 못하고 있다. 물류센터는 들어오는데 인재를 유치할 벤처타운은 보이지 않는다.

### 시민의 바람

고임금 · 고부가가치 일자리를 만드는 R&D 및 디지털 서비스업을 적극적으로 육성하기 바란다. 마곡과 김포를 잇는 교통망을 확충하여 인적 · 물적 교류를 활성화하면 좋겠다.

## 살고 싶어지는
## 주거환경 조성부터

요즘 2030 세대는 무리한 분양보다 넓고 쾌적한 공공임대나 사회주택을 선호한다. 하지만 김포에는 청년들의 눈높이에 맞는 맞춤형 주택이 턱없이 부족하다. 가파른 임대료 상승으로 주거 안정을 포기하는 청년들이 늘고 있어 지역 활력이 떨어지고 있다.

## 시민의 바람

청년층의 실수요를 반영한 평수 확대와 쾌적한 환경을 갖춘 공공주택 공급을 대폭 늘려 청년들이 김포에 정착할 기반을 닦아주기 바란다.

## 따로 또 같이, 인생 2막의 실험실

은퇴한 베이비부머 세대는 여전히 사회적 기여를 원하는 열정적인 세대다. 이들을 단순히 복지 대상으로만 보는 것은 큰 자원 낭비다. 인지 장애를 겪는 노인이나 혼자 사는 세대의 사회적 고립이 심각한 실정이다. 방은 각자 쓰되 거실과 주방은 공유하는 새로운 주거 모델이 김포에도 필요하다. 치매 노인들이 함께 살며 자율성을 유지하는 일본의 사례처럼, 김포도 삶의 의욕을 불어넣는 주거 환경을 고민해야 한다.

LH(한국주택도시공사) 또는 GH(경기주택도시공사)와 김포시가 협력하여 청년과 베이비부머 세대 혹은 노인들이 함께 어우러지는 공유 하우스를 만들어야 한다. 이곳에서 멘토링과 평화 교육 등 다양한 사회적 활동이 일어나도록 프로그램을 지원했으면 좋겠다.

## 다섯 식구가 15평에 사는 현실

현재 김포의 공공임대는 대부분 15~17평 소형이다. 다자녀가 많은 탈북민 가정의 특성상 대가족이 거주하기엔 너무 좁다. 탈북민 800명이 모여 정보도 나누고 상담도 받을 전용 지원센터나 사무실이 하나도 없다는 것도 문제다. 모일 곳이 없으니 마음도 멀어지고 사회적 고립도 깊어진다.

### 시민의 바람

저소득층과 다자녀 가정을 위해 20평형 이상의 중대형 공공임대 공급을 늘려야 한다. 상담, 정보 교류, 경제 활동 지원이 한곳에서 이뤄지는 북한 이탈주민 커뮤니티 센터를 구래동이나 장기동 지역에 마련해 주기 바란다.

신도시만 좋아질 게 아니라 원도심도 대중교통망 정비를 통해 집값이 오르고 지역 가치가 올라야 한다. 다만, 집값이 오르는 데 대비해 우리 주변의 어려운 이웃들이 쫓겨나지 않도록 임대주택이나 공공주택을 확충해 함께 사는 도시를 만들어야 한다. 집값 상승과 서민 주거 안정이 균형을 이뤄야 진짜 명품 도시다.

### 시민의 바람

광역교통망 확충으로 원도심 자산가치를 높이되, 저소득층을 위한 공공임대주택이나 생활주택 공급을 병행하여 젠트리피케이션을 방지해 주면 좋겠다.

## 공존의 지혜로
## 더불어 사는 김포

### 경계를 넘어 이웃으로

김포는 서울보다 다문화 가정이 많지만, 이들을 향한 체계적인 지원은 부족하다. 베이비부머 세대가 체득한 삶의 지혜를 이들과 연결해야 한다. 북한과 인접한 지리적 특성에도 불구하고 정작 평화에 대한 실질적인 교육이나 문화콘텐츠 생성이 취약하다. 평화는 멀리 있지 않다. 우리 곁의 이웃과 조화롭게 공존하는 데서 비롯한다.

## 시민의 바람

경험 많은 베이비부머 세대가 다문화 가정의 동행 멘토가 되어 정착을 돕는 인생 선배 시스템을 활성화하면 좋겠다. 지역사회와 자연, 이웃이 공존하는 법을 배우는 소프트웨어 중심의 평화 교육 인프라를 확충하기 바란다.

## 무너진 경관, 위태로운 세계유산

세계문화유산 장릉이 아파트 숲에 갇혔다. 행정적 실수와 개발 논리로 인해 장릉의 시공간적 가치가 훼손되었다. 이미 입주가 완료되어 되돌리기도 힘든 상황이다. 이 사례가 나쁜 선례가 되어 서울 종묘 앞 세운상가 재개발 등 전국적인 문화유산 경관 훼손으로 이어질까 우려된다. 유네스코에서 세계유산 지정이 취소될 가능성도 다분하다.

### 시민의 바람

국가 차원에서 문화유산 주변 경관을 보호할 관련 법안 개정과 시 차원의 조례제정이 시급하다. 전통문화는 후손에게 물려줄 정체성이자 책임임을 잊지 않았으면 좋겠다.

## 애기봉 스타벅스 그 이후

애기봉은 스타벅스 입점 후 예약이 힘들 정도로 붐비지만, 방문객들이 김포의 다른 곳으로 흐르지 않는다. 점으로 존재하는 관광지를 선으로 연결하는 벨트화가 부족하기 때문이다. 김포의 유구한 역사를 한눈에 볼 수 있는 시립박물관이 없다. 박물관이 없으니 지역 역사를 종합적으로 홍보하거나 교육할 거점이 부족하다. 한강신도시 장기동 라베니체는 주차와 계절별 콘텐츠가 아쉽고, 운양동 한옥마을은 숙박 기능이 없어 머무는 관광이 불가능하다.

### 시민의 바람

평화누리길, 관방유적(關防遺蹟, 방어 목적의 군사 요새 유적), 문수산, 남산 봉수대를 잇는 코스를 개발하면 좋겠다. 역사문화유산 보존 박물관 건립이 어렵다면 우선 디지털 박물관을 도입해 접근성을 높이는 것도 고려했으면 한다. 공연장, 미술관, 광장 등 시민의 삶과 관광객의 시선이 머

물 수 있는 공공 인프라를 확충하고, 민간 주도의 정원 관리 시스템을
도입하기 바란다.



## 공장 난개발과 심각한 환경 문제

하성, 대곶 등 농촌 지역에 공장들이 무분별하게 들어서면서 원래
있던 산들이 파괴되고 마을도 많이 망가졌다. 이제 민통선 지역까
지 난개발될까 걱정스러운 지경이다. 그리고 오수관 시설 미비로
생활하수가 한강으로 그대로 흘러드는 등 환경 문제가 심각하다.

### 시민의 바람

애기봉, 조강포구, 강령 포구 같은 접경지역 자원을 활용하여 지역 특색
에 맞는 발전계획을 세워 실행하면 좋겠다. 지역 오수관 시설 완비로 한
강하구 환경을 지키는 것도 시급한 과제다.

## 자연스러움과 전통문화가 사라지는 현실

문수산, 수안산, 가현산, 승마산 등 자연공원에 무분별하게 설치
되는 데크는 장기적으로 생태계를 파괴한다. 자연 그대로의 길이
사라지고 개발업자 위주의 공사가 진행되는 것 같아 우려스럽다.

농악이나 민속춤 같은 소중한 전통문화가 일부 계층의 전유물로만 남게 되었다. 마을 단위로 확산하여 공동체의 즐거움이 되지 못하는 실정이다.

## 시민의 바람

인위적인 시설물을 최소화하고 숲의 자생력을 보존하는 방향으로 정책을 전환하면 좋겠다. 전통문화를 마을 곳곳에 전파할 수 있는 예술지원 센터나 문예 코디네이터 전문가를 양성하여 시민들이 일상에서 온·오프라인의 전통문화를 누리도록 지원해 주기 바란다.

## 배고픈 예술가들

예술인 기본소득은 대상이 한정적이고 액수도 적어 실질적인 도움이 안 된다. 김포의 많은 예술인이 생활고를 견디지 못하고 서울이나 수원으로 떠나고 있다. 지원 사업이 특정 단체에 쏠려 있어, 정작 실력 있는 개인 예술가들이 설 자리가 좁다.

## 시민의 바람

단체 지원에서 개인 직접 지원 방식으로 전환하고, 주관 공모전이나 강연, 공연에 지역 예술인들이 우선 참여할 수 있는 판을 깔아주면 좋겠다. 또 문화예술회관 건립과 예술가들을 위한 창작촌이 활성화되었으면 한다.

## 기후 위기 시대의 방패

최근 기후 변화로 복합 재난이 늘고 있다. 코로나 사태 시기에도 그랬듯, 실제 현장에서 땀 흘리는 것은 민간 봉사단체들이다. 재난 봉사는 필수적인데, 정작 행정의 예산 지원은 최하위 순위다. 민간 자원에만 의존하는 현 체제는 지속하기 어렵다.

### 시민의 바람

정치와 행정은 재난 안전 관련 정책을 최우선 순위에 두고, 봉사단체에 대한 체계적인 관리와 실질적인 예산을 지원하기 바란다.

앞장에서는 시민들에게 물은

'대전환을 위한 김포의 길' 을 얘기했다.

이 장에서는 어렵지만 왜 가야 하는 길인지,

그 방안은 또 무엇인지 좀 더 간명하게

체계화하여 보여주고자 한다.

말이 쉽지 대혁명이나 같은 '대전환' 은

어렵고도 어려운 길이다.

하지만 가야 하는 길이다.

시민과 함께라면 못 갈 것도 없다.

# 김포시 대전환, 어렵지만 가야 하는 길

# 1

# 김포는 지금…

김포는 서울·인천·부천·강화·계양 그리고 한강하구와 평화지대를 잇는 수도권 서부 초광역생활권의 중심축이다.

농촌·신도시·산업단지가 공존하는 도농 산단 복합도시구조는 도시 간 상생과 균형발전을 이루는 데 더없이 적합한 조건이다.

김포의 미래는 도농·신도시·산단을 연결하는 성장전략, 수도권 서부지역의 도시들과 연대하는 광역전략, 이 두 가지에서 시작해야 한다.

연결이 김포의 힘이며, 연대가 김포의 미래다.

김포는 경기 서부와의 동반 성장하는 가운데 미래를 더 키울 수 있다. 김포는 서울·경기·인천과 연계된 지역으로 한강하구 서부 대개발의 중심도시로 나아가야 더욱 성장하고 도약할 수 있다.

## '대도시 함정'에 빠져
## 정체하고 침체하는 김포

한때 가장 빠르게 성장하던 김포에 지금은 교통 · 주거 · 교육 · 문화 · 복지 · 민생경제 모든 분야에서 정체와 침체의 빨간불이 켜졌다.

1인당 GRDP가 경기도 평균보다 낮은 중하위권이고, 최근에는 도내 최하위 그룹으로 지목되었다. 또 청년 고용률과 여성 고용률은 40% 대로 도내 하위권 수준이다. 게다가 1인 가구 증가, 골목상권 침체, 역외 소비 확대, 생활 인프라 부족 등 복합적 위기가 겹쳐 있다.

이 모든 문제 위에 서울편입 프레임과 갈라치기 정치 그리고 대도시를 대도시답게 운영하지 못한 행정의 무능이 겹쳐 김포는 '고립 → 패싱 → 정체 → 침체'의 악순환에 빠졌다. 이제는 근본적 전환이 필요하다.

당장 김포의 서울편입 논쟁을 공식적으로 종식하고 김포 시정 대전환을 꾀해야 한다. 서울편입 논쟁은 도시 전략을 흔들고, 시민을 분열시키고, 경기도 · 중앙정부와의 관계를 악화시키면서 시정의 골든타임을 놓치게 만든 매우 그릇된 프레임이다.

김포가 가야 할 길은 명확하다. 서울의 변방이 아니라 수도권 서부의 중심도시로 도약하는 길이다.

# 민생회복과 성장을 위한
# 김포시 대전환에 관하여

김포의 민생회복과 성장을 위한 대전환의 실행 방안은 중소상공인 상권 활성화와 대도약을 위한 성장기반 구축, 도농복합도시의 지역균형발전-2035 김포 도시기본계획, 광역교통망 확충과 지역순환 대중교통 혁신, 삶의 질 향상을 위한 소득증대와 기본사회로의 전환, 시정 거버넌스 혁신과 공공AX 행정서비스 전환을 통한 도시 경쟁력 강화 등으로 요약된다.

## 대전환의 핵심은 시민주권 · 자치분권 · 민관협력

김포의 신성장 동력을 얻기 위한 김포 시정 대전환의 핵심은 시민주권 · 자치분권 · 민관협력이다. 50만 대도시는 행정만으로 발전할 수 없다. 도시의 주인은 시민이며, 도시를 바꾸는 힘도 시민에게서 시작된다.

앞으로 김포는 시민주도 자치분권, 시민이 참여하고 설계하는 정책, 민관협력이 살아 있는 혁신도시, 소상공인 민생경제 회복 · 사회연대경제 육성, 중소벤처 경제 강화 등 네 가지 축을 기반으로 변화해야 한다.

시민사회·소상공인·사회적경제 생태계를 복원하고 민간의 창
의력과 시민 경험을 행정과 연결해야 AI 경제혁신과 신산업 육성
등 김포의 새로운 성장동력이 살아난다. 나는 시민과 함께 기꺼이
이 민관협력의 교두보이자 시민주권 행복 도시로 가는 마중물이 될
것이다.

## AI경제 · 균형발전 · 기본사회 실현

김포의 미래 전략은 이재명 대통령의 국가 비전과 정확히 맞닿
아 있다.

**첫째는 AI경제로의 대전환이다.**

AI · 디지털 기반 창업 허브, 청년 스타트업 밸리, 스마트산단 · 모
빌리티특구 조성과 첨단산업 유치, 국방 아웃도어 산업 육성 등이
구체적인 실행 과제로, 김포의 미래 일자리는 김포 안에서 만들어
져야 한다.

**둘째는 균형발전이다.**

도농 · 신도시 · 산단 연결 성장, 생활권 간 격차 해소, 수도권 서
부 초광역 생활권 연대 강화 등이 구체적인 실행 과제로, 김포는 경
기도의 한강하구와 서부 대개발 평화경제전략과 연계한 연결축 ·
중심도시로 도약해야 한다.

셋째는 기본사회 실현이다.

기본교통(GTX-D, 서울 5호선, 인천 2호선, 광역교통순환망), 기본교육 · 기본문화(생활문화 · 교육격차 해소), 기본돌봄 · 기본주거 · 기본안전 등이 구체적인 실행 과제로, 이제 먹사니즘을 넘어 잘사니즘 김포로 도약해야 한다.

# 성장동력 확충으로
# 도시경쟁력 강화

## 수도권 서부 메가시티 중심도시로
## 도약하는 전략적 대전환 필요

김포시는 지난 20여 년간 수도권 팽창으로 인한 급속한 인구 유입과 도시 외연의 팽창을 이뤄내며 인구 50만의 대도시 반열에 올랐지만, 도시 내부의 경제혁신역량과 지속 가능한 자족 기반은 이에 걸맞은 수준으로 성장하지 못했다. 특히 김포의 1인당 GRDP(21년 대비 24년 기준 추정)는 3,580만 원으로 전국 평균 4,649만 원 또는 경기도 평균인 4,307만 원대를 크게 밑돌며, 산업구조 또한 주거·물류·건설 중심의 저부가가치 위주로 구성돼 있다. 경제활동인구 대비 지역 내 양질의 일자리 부족과 교통·교육·복지 등 생활 인프라 불균형은 지속 가능한 도시 성장의 발목을 잡고 있다.

김포의 낮은 1인당 GRDP는 단순한 경제 지표의 문제가 아니라 산업구조와 도시계획 간의 불일치, 과도한 인구 유입 대비 미비한 자족 기반 그리고 기반 인프라의 선제적 대응 부족이 복합된 결과다. 제조업 비중이 낮은 데다가 제3차 산업도 지역 중심이 아니라 외부 수요에 의존하는 구조에서 김포는 '배후도시' 역할에 머무르고 있다. 여기에 신도시 위주의 외연 확장 대비 내부 도시기능은 미성숙한 상태로 남아 있어 불균형이 심화하고 있다.

## 스스로 도시답게 성장하는 전략

여전히 김포 발전 전략과 관련한 주요 이슈인 김포의 서울편입 논쟁은 행정구역 변화로 도시문제를 단기간에 해결하겠다는 인식에 기반하지만, 이는 지속 가능한 도시 성장의 대안이 되기 어렵다. 행정 편익 확대보다는 김포시의 정체성 강화와 경쟁력 확보 그리고 인접 도시들과의 전략적 협력을 통해 수도권 서부권의 메가시티 거점도시로 도약하는 것이 김포가 나아가야 할 실현 가능한 실용적인 방향이다.

김포는 서울의 변두리가 아니라 한강 이남에 위치한 경기도 서부권의 전략적 관문 도시이자 한강하구와 접한 지정학적·생태문화적 자산을 보유한 중심지다. 이런 김포의 독자성과 잠재력을 살리지 못하고 단순 행정합병에만 기대는 것은 도시의 자율성과 중장기 미래 전략을 포기하는 것과 다름없다.


## 지속 가능한 성장을 위한 전략적 제언

김포의 미래를 위한 도시경쟁력 강화 방안으로 세계경제포럼(WEF)의 4대 성장 키워드(혁신성, 포용성, 지속가능성, 회복탄력성)와 AX 도시전환 전략을 중심으로 재구성할 것을 제안한다.

### 경제산업 구조 고도화와 교통·디지털 인프라 확충

AI·스마트제조·지식기반산업 육성으로 산업의 질적 전환을 유도하고, 김포한강 첨단산업단지와 통진 일반산업단지의 고도화 및 신산업 벨트 구축을 추진하며, 지역 스타트업·중소기업과의 R&D 연계 및 기술창업 클러스터 활성화에 힘을 쏟아야 한다.

또 서부권 광역급행철도 기반 위에 GTX-D(서부권 광역철도), 서울지하철 5호선 연장, 인천 2호선 연장, 초광역 버스망, 지역순환형 대중교통 시스템 구축 등 서울·인천 연계 교통체계 정비, AI 교통제어 시스템 구축, 스마트 정류장 설치, MaaS(모빌리티 통합 서비스) 기반 구축 등에도 힘을 기울여야 한다.

## 살고 싶은 도시로의 전환

포용 도시 기반 조성에는 사회적 경제조직 육성과 지역 기반 청년·여성·고령자 일자리 창출, 돌봄·복지·주거를 통합한 스마트복지 시스템 도입 등이 필요하다.

지속 가능한 생태·환경 도시정책으로는 한강하구·장릉 등 생태문화자원의 통합 보전·활용전략 수립, 탄소중립형 그린인프라(도시숲, 스마트그린주차장 등) 확대 등에 주목할 필요가 있다.

미래교육·문화혁신 도시화를 위해서는 디지털 기반 공공교육 강화 및 AI 리터러시 교육 거점 도시화, 한강·고촌 문화 벨트를 연계한 역사 문화도시 프로젝트를 추진해야 한다.

AI 기반으로 행정을 전환하려면 전 행정서비스에 AI 챗봇·예측 기반 민원처리시스템 도입, 시민 데이터 기반의 '디지털 거버넌스' 체계 구축이 필요하다.

광역생활권 연계와 공동번영 플랫폼 형성에는 고양·부천·인천·강서 등과 수도권 서부 메가시티 협력체계 구축, 공공인프라 공동 투자 및 생활 SOC 연계 등의 노력이 요청된다.

# 김포한강 콤팩트시티와
# AI 미래도시

## 김포한강 콤팩트시티,
## 문제는 광역교통망 구축

2025년 7월 3일, 이재명 대통령은 첫 기자회견에서 주택공급 및 수도권 과밀 해소를 위한 부동산 정책 방향을 발표했다. 4기 신도시는 전면 유보하고, 3기 신도시 및 기존 지정 택지를 고밀도로 개발해 공급하겠다는 구상이 핵심이다. 동시에 지방 균형발전과 국토균형에 대한 의지도 확고하게 밝혔다. 시장에 던진 메시지는 명확하다. 수도권에 더 이상의 무분별한 신도시를 만들지 않겠다는 '정책선언'이자, 기존 계획은 속도감 있게 실현하겠다는 실행 의지다.

이 방향에서 김포는 분명히 중심에 있다. 김포한강2 공공주택지구는 2022년 윤석열 정부가 지정한 4만 6,000세대 규모의 대형 택지로, 현재 정부가 말하는 3기 신도시급 콤팩트시티 개발 대상에 포함돼 있다. 'Compact & Network City'라는 이름에 걸맞게 철도 기반 역세권 중심의 자족형 도시로 개발되며, 2024년 지구지정 고시, 2026년 지구계획 승인, 2030년 분양 목표라는 구체적 일정도 설정돼 있다.

문제는 명확하다. 도시 개발은 가속화되고 있지만, 도시를 연결할 교통망은 아직도 멈춰 있는 것이 현실이다. 지금 김포한강 신도시 주민들은 물론 김포시민들 모두가 지쳐가고 있다. 김포사람들은 최근 인천1호선 검단신도시 연장 개통과 서울 7호선 양주-포천 연장선 승인 소식을 접하고는 거의 탄식과 분노가 쌓이고 있다. 다행히도 가뭄에 단비처럼 기재부가 지난주에 서부 광역급행철도 예비타당성 통과를 발표하면서 시민들이 위로를 받는 상황이다.

## 예타에 갇힌 김포, 움직이지 않는 교통

현재 김포를 둘러싼 핵심 광역철도망-서울5호선 김포·검단 연장, 인천2호선 고양·김포 연장은 모두 예비타당성조사(예타) 단계에서 발이 묶여 있다.

| 노선 | 예타 현황 | 문제점 |
| --- | --- | --- |
| 서울5호선 연장 | 서울5호선 연장 | 예타 지연, B/C 부족차량기지 이전 문제, 서울시·김포시 협의 부재 |
| 인천2호선 연장 | 예타 2차 점검 중 | 인천·김포·고양 간 3자 협의 지연 |

이러한 광역교통 지연의 결과는 시민들의 불편으로 고스란히 전가되고 있다. 2019년 개통된 김포골드라인은 이미 과부하 상태이고, 출퇴근 시간대는 날마다 '교통지옥' 이다. 그런데도 지난 윤석열 정부가 "지자체 간 협의 부족"이나 "사업성(B/C) 미달"을 이유로 책임을 회피해온 상태로 오늘에 이르렀다.

그러는 사이 신도시가 설계되고 택지가 고시되고 건설이 논의되고 있지만, 이 도시로 들어오는 철도는 정해지지 않았다. 이것이 현재 김포가 직면한 핵심 딜레마다.

## 오래 묵혀온 김포 교통 문제

지난 4년간, 아니 더 길게보면 15년간 김포시는 교통 문제에 대해 뚜렷한 리더십을 보이지 못했다. 서울 5호선 방화차량기지 이전 협의는 지지부진하고, 인천 2호선 연장에는 전략적 접근 대신 소극적 대응에 머물렀다. 김포시장은 서울편입론이라는 정치적 프레임에 매몰되어 시민 교통 불편 해소라는 본질적 과제를 외면했다.

지난 윤석열 정부도 마찬가지였다. 김포한강신도시는 국토부와 LH가 주도해 만든 국가주택정책의 산물이지만, 김포한강 2 콤팩트 시티 개발을 발표해놓고 광역교통망 확충에는 무관심하거나 무책임했다. 교통 없는 신도시가 또 한 번 반복된 것이다.

## 추진 가능한 해결의 실마리

예타는 절대적 기준이 아니다. 통과되면 다행이지만, 부결된다고 끝나는 것도 아니다. 민자 추진이 불가능하거나 사업성이 낮을 경우, 국토부가 재정사업(국비 70% + 지방비 30%)으로 전환하면 재예타를 통해 사업을 다시 추진할 수 있다.

이미 서울 5호선 연장은 민자에서 재정사업 구조로 전환된 상태다. GTX-D 역시 민자 한계가 분명한 만큼, 조속히 국가 주도 재정사업 전환이 필요하다.

더 중요한 건 정부의 태도다. 광역교통망 없는 신도시는 없다는 인식이 정책 실행의 출발점이어야 한다. 단순히 예타를 기다리는 것이 아니라, 예타 이후를 준비하고 책임 있는 대안을 마련하는 정치가 필요하다.

김포가 겪고 있는 문제는 특정 지자체의 행정력만으로 해결할 수 없다. 이 문제는 국가정책과 수도권 교통계획, 국회 예산정책이 유기적으로 작동할 때만 해결할 수 있다.

이를 위해서는 예타 기준 개선 및 특례 도입, 수도권 서부 광역교통 협의체 구성, 시민 참여운동과 정책 어젠다화 등의 노력이 필요하다.

정부는 김포한강2를 3기 신도시급으로 개발하겠다고 선언했다. 그렇다면 그에 맞는 교통망은 최소한의 전제조건이다. 아무리 스마트하고 고밀한 도시를 만들어도, 서울로 가는 철도가 없다면 그것은 지옥이나 다름없다.

이제는 책임을 나누기보다 역할을 나눌 때다. 정부는 교통 인프라에 대한 국가책임을 분명히 하고, 국회는 예산과 입법으로 뒷받침하며, 지자체는 전략적 협의와 계획을 주도하고, 시민은 감시와 참여로 정책을 견인해야 한다.

김포의 교통은 더 늦출 수 없는 '시민의 권리' 이자 대한민국 수도권 정책의 실행력을 가늠하는 바로미터다.

# 시민과 함께 여는
# AI 미래도시 김포

인류 문명은 지금 AI 대전환의 문턱에 서 있다. 세계 각국은 국가 차원에서 AI를 전략산업으로 삼아 치열한 경쟁에 나섰다. 대한민국 역시 'AI 3대 강국 도약' 을 국가적 비전으로 내건 가운데 지난

APEC 회의에서 이재명 대통령은 젠슨 황 엔비디아 회장을 만나서 GPU 26만 장 공급물량을 확보하는 큰 성과를 얻기도 했다. 하지만 이제는 정부만의 과제가 아니다.

이미 광주, 울산, 전북, 충남, 전남 등 광역자치단체는 앞다투어 AI 중심 산업도시 전환을 선언하고, 화성, 성남, 부천 등 기초지자체도 'AI 전환도시'를 추진하고 있다. 행정서비스부터 재난 안전, 산업 혁신, 문화 · 교육, 보건 복지, 도시정보에 이르기까지 도시 전 분야에 AI를 접목하는 흐름은 이제 선택이 아니라 필수다.

## 그렇다면 김포는?

김포는 수도권 서부의 관문 도시이자 인구 50만이 넘는 대도시로 성장했지만, 디지털 경제와 AI 전환 흐름에서는 아직 뚜렷한 전략을 세우지 못한 상태다. 교통 문제, 산업경쟁력, 교육격차, 청년유출 문제 등 지역 현안도 결국은 AI를 얼마나 잘 활용하느냐에 따라 해결의 실마리를 찾을 수 있다.

## 50만 김포시민 모두에게 AI 교육을!

김포가 시대의 흐름을 따라잡고, 나아가 선도도시로 도약하기 위해서는 AI를 특별한 기술이 아닌 시민의 일상으로 끌어내야 한다. 그 첫걸음이 바로 '50만 전 시민 AI 교육' 이다.

AI 리터러시 시민대학을 개설하여 평생학습관과 마을공동체와 연결함으로써 남녀노소 누구나 AI 기초교육을 받을 수 있도록 해야 한다.

나아가 청년·학생 맞춤형 심화 과정을 개설하고 청년지원센터에 읍면동 거점 기반으로 단계별 청년·학생 공간 플랫폼을 구축하여 데이터 분석, 코딩, AI 창작 등 미래 일자리와 직결된 교육을 강화한다.

여기서 한 걸음 더 나아가 산업 맞춤형 AI 인재양성 프로그램으로 김포 산단 중소기업과 연계한 스마트팩토리, AI 물류 전문가를 양성한다. 그리고 범위를 전 시민의 일상으로 넓혀 시민 참여형 AI 체험 플랫폼을 구축하고 도서관, 문화센터, 행정복지센터에서 AI 체험 프로그램을 운영한다.

## AI를 통한 스마트 도시의 구현

교육에서 출발한 AI 시민 혁신은 교통, 복지, 행정, 안전, 생활정보 등 도시 전 영역으로 확산될 수 있다. 교통 혼잡은 ITS(지능형교통체계) 등 AI 교통 빅데이터로 해소하고, 복지 서비스는 돌봄·안전 AI 플랫폼으로 강화하며, 재난재해는 재난 안전 AI 시스템으로, 행정서비스는 지능형 챗봇으로 혁신할 수 있다. 이렇게 교육을 통해 시민이 변하면 도시도 변한다. 김포의 50만 시민이 곧 김포의 AI 경쟁력이다.

AI는 먼 미래의 이야기가 아니라 지금 눈앞의 생존전략이다. 김포가 이제 서울의 위성도시에 머물지 않고 대한민국 AI 혁신의 모델 도시로 자리매김하려면 지금 결단해야 한다.

김포는 이제 "50만 전 시민 AI 교육"을 선포하고, AI 시민 도시로 도약해야 한다. AI를 일상 속 생활기술로 체득한 시민이 곧 김포의 가장 큰 자산이자 미래 경쟁력이 될 것이다.

# 아주 특별한 인터뷰

## _ 송세경 KGAF 회장이 본 이회수

송세경 KGAF(한국생성AI파운데이션) 회장은 KAIST 전기 · 전자공학부 교수로 AI 전문가다. 이 책의 저자(이회수)와 AI로 인연을 맺은 송 회장은 편집자와의 인터뷰를 통해 저자에 대한 평을 남겼다. 이 책을 시종 관통하는 핵심 키워드 중 하나가 AI인 만큼 이 인터뷰를 정리해 에필로그로 싣는다.

편집자는 **[문]**, 송 회장은 **[송]**으로 표시한다. _편집자

## [문] 송 회장님, 이회수 위원과는 어떻게 만나셨는지요?

▶ **[송]** 이회수 전 이재명 후보 직속 대외협력특보단장과는 대선국면에서 AI 정책개발과 AI 강국 대전환 'AX Team Korea' 의 핵심 전략인 《AX 강국 만들기 국가 전략 백서》를 집필하는 과정에서 각별한 인연으로 만났습니다. 이재명 정부 AI 기본사회, AI 민주국가, AI 3대 강국 만들기를 위한 AX 입국 백서 집필을 위한 전문가 워크숍 및 인터뷰와 이재명 정부 주요 입각 인사들을 직접 만나 AX 강국 비전과 전략을 설명하고 토론하는 자리를 함께한 것은 소중한 경험이었습니다.

저는 KGAF 회장이자 추진위원장으로서 초거대 AI 전환(AX)이 국가 생존의 열쇠라고 믿고 전문가들을 모으고 있었는데, 수석자문위원으로 참여한 이 단장은 산업노동과 민생경제 국가정책을 기획하고 경제산업계와의 정책소통 네트워크를 구축하던 독보적인 정책 전문가였습니다. 그는 단순히 기술을 이해하는 수준을 넘어 '국민이 초거대 AI로 진짜 강해지는 나라' 라는 우리의 비전을 정책 언어로 구체화하는 데 결정적인 역할을 했습니다.

## [문] 이회수 대표와 얽힌 인상적인 에피소드가 있다면요?

▶ [송] 가장 기억에 남는 에피소드는 'AX 강국 만들기' 전문가 포럼과 이재명 정부 입각 인사 면담 및 토론회입니다. 기업 관계자, 정부 부처 인사, 학계 전문가들이 모여 각자의 입장을 발표하며 자칫 평행선을 달릴 수 있는 상황에서, 그는 기업의 현장 요구(Push)와 정부·국회의 정책 지원(Pull) 사이의 접점을 귀신같이 찾아내어 국가, 정부, 시민 입장에서 명쾌하게 정리했습니다. 그는 기술은 결국 사람을 향해야 한다는 확고한 철학을 가지고 있었습니다. 단순한 사회 진행과 발언에 그치지 않고, 초거대 AI가 어떻게 소상공인과 노동자의 삶을 바꿀 수 있는지, 시장만능주의가 아닌 '포용형 국가 모델' 로 가기 위해 국회가 어떤 법적 근거를 마련해야 하는지를 논리적으로 설득해 나갔습니다. 그 모습에서 저는 그가 기술과 민생

을 연결할 수 있는 진정한 '연쇄효과 조정자' 임을 확신했습니다.



▶ **[송]** 이 위원과 대화하며 가장 감명 깊었던 부분은 김포시에 대한 그의 남다른 애정과 비전이었습니다. 그는 김포시가 도시화는 다소 늦었을지 몰라도, AI 문명 전환만큼은 대한민국에서 가장 앞선 '실험도시' 가 되어야 한다고 강조했습니다. 특히 그는 우리 백서의 핵심 전략 중 하나인 'AX 리터러시 혁명' 을 김포시에서 국내 최초로 선도하겠다는 야심 찬 계획을 제안했습니다. 이는 1970년대 새마을운동의 성공 DNA를 계승한 'AX 새마을운동' 의 김포형 모델입니다.

이 모델의 핵심은 유치원생부터 고령층까지 전 시민이 AI를 일상 도구처럼 쓰는 'AI 시민학교' 를 세우고, 김포의 제조 · 물류 기반을 AI와 결합한 혁신지대로 전환하는 겁니다. 화성이나 평택이 '산업 주도형' 이라면, 김포는 '시민 · 문화 주도형' AI 도시로서 독자적인 정체성을 지녀야 한다는 그의 주장은 김포를 넘어 전국 지자체의 모델이 될 만한 혁신적인 발상이었습니다. 더함꿈 주간생활서비스센터 개소식에서 보여준 것처럼, 그는 발달장애인과 같은 가장 약한 사람들의 자립을 돕는 활동에서부터 AI 기술이 어떻게 결합해야 하는지 현장에서 답을 찾는 사람입니다.

▶ **[송]** 네, 그렇습니다. 이 위원은 AI 기술이 권력의 도구가 아닌, 국민의 주권을 강화하는 도구가 되어야 한다고 믿습니다. 그는 AI 기본사회라는 비전 아래, 농어민부터 자영업자까지 모든 국민이 초거대 AI를 통해 스스로 부를 창출하고 더 나은 삶을 영위할 환경을 국가가 조성해야 한다고 역설했습니다.

그는 또 김포미래비전포럼 출범식에서 300여 명의 시민이 지켜보는 가운데 정치란 결국은 약한 사람을 지켜주는 일이라고 말했습니다. 한편으로 검찰청 폐지와 관련하여, 검찰 중심의 권력 구조를 타파하고 인권 중심의 AI 민주 정부를 세워야 한다는 소신을 밝히기도 했습니다. AI를 활용한 정책 시뮬레이션과 디지털 시민의회 도입 등을 통해, 더 투명하고 공정한 민주주의를 구현하겠다는 그의 비전은 김포를 대한민국 민주주의의 새로운 성지로 만들기에 충분해 보였습니다.

**[문] 이회수 대표가 김포를 이끌어갈 적재적소의 리더라고 하셨는데, 그 이유를 든다면요?**

▶ **[송]** 이회수 위원은 보기 드문 실행력과 통합적 사고를 지녔습니다. 첫째로는 전략적 설계 능력입니다. 그는 복잡한 사회 문제를 해결할 킹핀

(King Pin)을 찾아내어 연쇄적인 변화를 일으킬 줄 아는 전략가입니다. 우리가 함께 진행한 〈AX 강국 만들기 킹핀을 찾아라〉 토론회에서 그가 보여준 통찰력은 탁월했습니다.

둘째로는 현장 중심의 정책 철학입니다. 발달장애인 자립을 돕는 '더함꿈' 센터 활동에서 보여주듯, 그는 가장 약한 사람의 눈물을 닦아주는 행정이 AI와 어떻게 결합해야 하는지 현장에서 답을 찾는 사람입니다. 부모님들의 눈물과 용기가 헛되지 않도록 정책과 예산, 행정이 제 역할을 하게 만들겠다는 그의 다짐은 진심이었습니다.

셋째로는 국가적 거버넌스 경험입니다. 이재명 후보의 정책 책사로서 쌓은 거시적인 안목과 KGAF에서 기술 정책 자문 경험 그리고 국가균형성장특위 부위원장과 행정안전부 공공AX분과 정책자문위원으로서 역할은 그를 '기술 주권' 과 '민생경제 · 지역경제' 를 동시에 챙길 수 있는 중요한 인물로 만들었습니다.

그는 김포를 '추격형 도시' 를 넘어 '문명 선도형 도시' 로 탈바꿈시킬 준비가 되어 있습니다. 그가 김포에서 시작할 AX/AI 리터러시 지역사회 시민운동은 대한민국이 AI G3 국가로 도약하는 역사적인 출발점이 될 것입니다.

지역공약 주진방향

## 별일 없어도 읽습니다

노충덕 지음
312쪽 | 18,000원

## 걷다 느끼다 쓰다

이해사 지음
364쪽 | 15,000원

## 내 글도 책이 될까요?

이해사 지음
320쪽 | 15,000원
(2021 우수출판콘텐츠 선정작)

## 누구나 쉽게 작가가
## 될 수 있다

신성권 지음
284쪽 | 15,000원

## 독한 시간

최보기 지음
248쪽 | 13,800원

## 배움은 어떻게 내것이 되는가

박성일 지음
212쪽 | 16,000원
(2021 텍스트형 전자책 · 오디오북
제작 지원 선정)

## 포스트 AI 시대 잉여인간

문호성 지음
272쪽 | 18,000원

## 독서로 말하라

노충덕 지음
240쪽 | 15,000원
(2018 문화체육관광부 주최
도깨비 책방 선정)

## 의정활동기

맹진영 · 이용욱 · 윤유현 · 제갑섭 ·
문규주 지음
292쪽 | 20,000원

## 지속 가능한 정책

박진우 지음
344쪽 | 23,000원

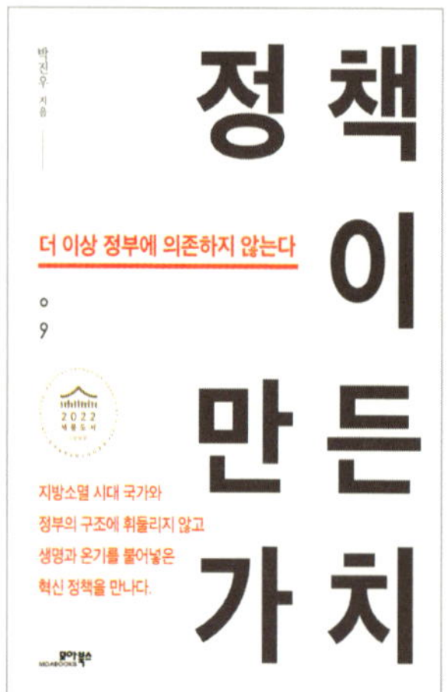

## 정책이 만든 가치

박진우 지음
320쪽 | 22,000원
(2022 세종도서 교양부문 선정)

## 내 손을 잡아줘

김선우 지음
264쪽 | 20,000원

## 정부의 예산,
## 결산 분석과 감시

조일출 지음
264쪽 | 20,000원

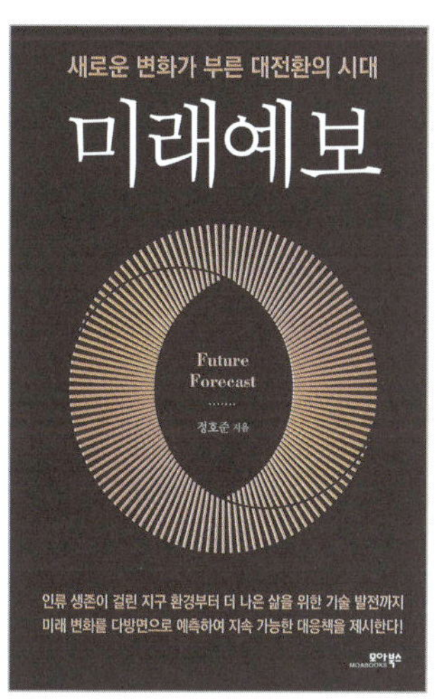

## 미래예보

정호준 지음
280쪽 | 20,000원

## 노동정책의 배신(양장)

김명수 지음
304쪽 | 22,000원
(2021 텍스트형 전자책 제작 지원 선정)

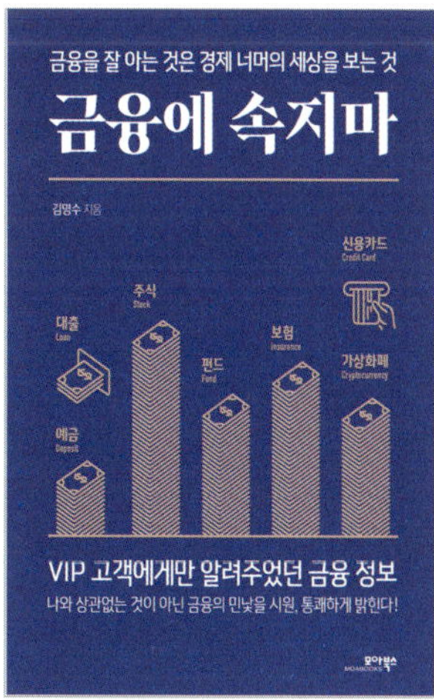

## 금융에 속지마

김명수 지음
280쪽 | 17,000원

## 법에 그런 게 있었어요?

강병철 지음
400쪽 | 15,000원
(2021 텍스트형 전자책 제작 지원 선정)

## 유죄vs무죄

곽동진 지음
260쪽 | 16,000원
(2021 텍스트형 전자책 제작 지원 선정)

## 행복한 노후 매뉴얼

정재완 지음
500쪽 | 30,000원
(2022 세종도서 교양부문 선정)

## 공소시효

강해인 지음
216쪽 | 15,000원
(2019 텍스트형 전자책 제작 지원 선정)

## 건강하게 살고 싶다면 디톡스

황병태 지음
240쪽 | 20,000원

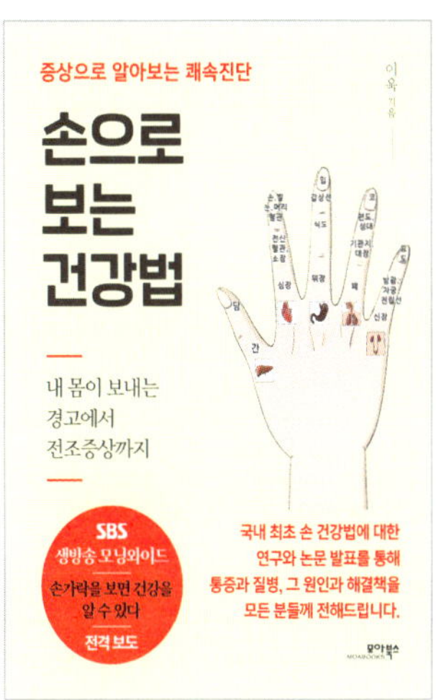

## 손으로 보는 건강법

이욱 지음
216쪽 | 17,000원

## 해독요법

박정이 지음
304쪽 | 30,000원

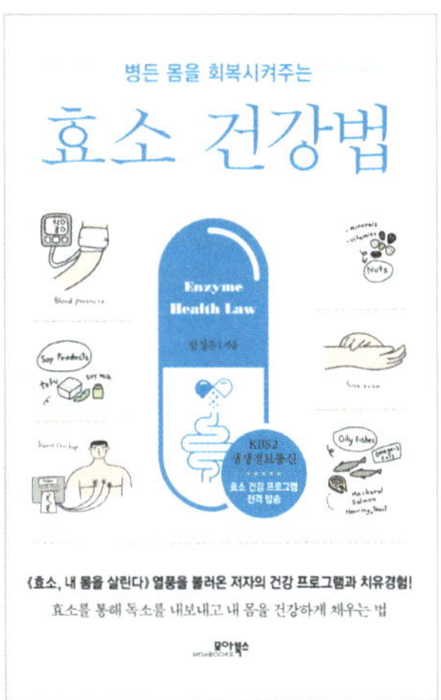

## 효소건강법(개정판)

임성은 지음
264쪽 | 15,000원

## 퓨리톤

김광호 지음
224쪽 | 22,000원

## 광물의학

김광호 지음
316쪽 | 25,000원

## 만성질환 정복법

송봉준 지음
240쪽 | 25,000원

## 정력의 재발견

양우원 지음
264쪽 | 14,500원

# 김포시 대전환


**초판 1쇄** 인쇄  2026년 02월 20일
**1쇄** 발행  2026년 02월 27일

**지은이**  이희수
**발행인**  이용길
**발행처**  모아북스
MOABOOKS

**관리**  양성인
**디자인**  이룸

**출판등록번호**  제 10-1857호
**등록일자**  1999. 11. 15
**등록된 곳**  경기도 고양시 일산동구 호수로(백석동) 358-25 동문타워 2차 519호
**대표 전화**  0505-627-9784
**팩스**  031-902-5236
**홈페이지**  www.moabooks.com
**이메일**  moabooks@hanmail.net
**ISBN**  979-11-5849-291-5  03340